L'ART

DE

NE POINT

S'ENNUYER,

Par M. DESLANDES.

A PARIS,

Chez ETIENNE GANNEAU, ruë
S. Jacques, vis-à-vis la Fontaine S.
Severin, aux Armes de Dombes.

M. DCC XV.

Avec Approbation & Privilege du Roy.

Est brevitate opus, ut currat sen-
tentia nec se
Impediat verbis lassas onerantibus
aures.

Horatius.

PREFACE.

LE titre de cet Ouvrage plaira certainement au Public. L'ouvrage même aura-t-il un fort si heureux? Je n'ofe le croire : & mon amour propre fait volontiersce facrifice au difcernement du Lecteur judicieux. C'eft un crime que de s'annoncer. Le titre qui femble un peu trop promettre, fait ordinairement tort à l'ouvrage. L'efprit pré-

venu va toûjours plus
loin qu'on ne fouhaite,
& la peine qu'il fe don-
ne d'attendre même de
belles chofes, lui doit
être payée cherement.

Que de motifs d'une
jufte apprehenfion ? Ja-
mais matiere ne fut plus
intereffante que celle
que j'ay entrepris d'é-
claircir. Tous les hom-
mes font fujets à s'en-
nuyer. Les plus habiles
cachent leur jeu : mais
ils ne peuvent fe trom-
per eux-mêmes. On ne
fe dérobe point ce qu'on
fent. Plein d'une élo-

quence flateuse, l'amour propre veut nous perſuader que nous ne nous trouvons jamais ſeuls : & nous voulons enſuite le perſuader aux autres. Mais cette illuſion s'évanoüit aiſément. Le maſque tombe , & les idées naturelles prennent le deſſus. Ciceron ne préſumoit-t-il pas un peu trop de ſon merite, quand il a aſſuré qu'il étoit toûjours en compagnie ! Cette loüange lui paroiſſoit délicate & digne d'un grand homme.

L'Empire du monde a été partagé entre l'ignorance & l'orgüeil. L'ignorance énerve les efprits & les rend timides. Peuvent-t-ils s'arracher à ce que le commerce de la vie a de trop fade & de trop uniforme ? l'orgüeil ne veut ni s'abaiffer ni rien devoir : comment s'accommodera- t-il de ces délicateffes dont le détail flateur lie les plaifirs & les fait fucceder les uns aux autres ? Voilà les fources de l'ennuy, fources fecondes & qui

jamais ne peuvent tarir.
Je fais volontiers cet a-
veu : quoiqu'en le fai-
fant je ne puiffe fauver
l'honneur du genre hu-
main.

L'art de ne point s'en-
nuyer eft donc un Ou-
vrage utile au Public,
& plus utile fans doute
que tout ce qu'on a ad-
miré jufqu'icy. On fe
paffe aifément d'élo-
quence & d'hiftoire.
Peut-être l'homme vi-
vroit-il plus heureux,
s'il étoit moins fçavant
& moins cultivé ? mais
on s'ennuye par tout :

la Cour comme à la
Campagne , dans les
grands poftes comme
dans l'obfcurité. Et n'eft-
il pas avantageux de fe
délivrer d'un ennemi
d'autant plus cruel qu'il
fe fait moins connoître
l'adreffe eft fur tout neceffaire dans cette nou-
velle forte de guerre ca-
chée : & cette adreffe
n'eft pas moins l'ou-
vrage d'une étude naï-
ve que d'une imagina-
tion fleurie. J'en appelle
au jugement des plus
grands hommes: je veux
dire , au jugement de

ceux qui ne brillent que
dans le monde delicat
& poli.

Je ne pretens point
avoir épuifé toute cette
matieré. Peu favorable
à mes productions, je
crains même de ne l'a-
voir qu'effleurée. Une
telle modeftie (& j'ofé
affurer qu'elle eft fin-
céré) merite l'indul-
gence du public. Je m'en
flate. Cependant je ne
priveray point la vanité
du tribut qu'elle exige
de chaque Auteur. On
doit me fçavoir gré d'a-
voir travaillé fur une

matiere neuve & qu'on avoit , pour ainſi dire , oubliée. Cette loüange eſt moins éclatante, mais peut-être auſſi agreable que celle de la réüſſite.

Un homme * de beaucoup d'eſprit & qui joint à l'exactitude geométrique toute l'élegance des belles Lettres, m'a parlé d'un Allemand qui avoit écrit ſur une matiere preſque ſemblable, quoiqu'avec un titre different. Mais ſelon la metode des Ecrivains du

* M. de Lagny , de l'Academie Royale des Sciences.

Nord , ſon Livre n'eſt rempli que de paſſages & de citations inutiles. Je ne me ſuis point mis en peine de le lire , aimant mieux parler de moi-même , que me parer des dépoüilles d'autrui. C'eſt être eſclave que de vouloir s'aſſujetir à des idées étrangeres.

Je ne ſçay s'il m'eſt permis d'allonger encore ma Preface par une petite remarque. Peut-être on me reprochera de n'avoir point parlé de certains caracteres mélancoliques, que rien n'excite au plaifir , & qui s'ennuyent en quelques-lieux qu'ils foient. J'ay prévû cette objection , & je diray qu'un Medecin habile leur eft plus neceffaire qu'un Philofophe qui refléchit. M. de Tfchirahaus, Gentil-homme Saxon , eft le premier qui dans un même .* Ouvrage a donné des preceptes pour guerir & l'efprit & le corps. Le fuccés a trompé fon attente. Ofe-

* Voyez fon Traité *De Medicinâ mentis & corporis ,* &c.

ray-je le dire : un tel exemple m'intimide, & rien n'eſt plus autoriſé que de devenir ſage aux dépens d'autrui.

A Paris ce 21. Juillet 1714.

J'ay lû par ordre de Monſeigneur le Chancelier un Manuſcrit qui a pour titre *l'Art de ne point s'ennuyer*, & je n'y ay rien trouvé qui en puiſſe empêcher l'impreſſion. A Paris ce 20. Septembre mil ſept cent quatorze.

DE SACY.

PRIVILEGE DU ROY.

LOUIS par la grace de Dieu Roy de France & de Navarre, à nos amez & feaux Conſeil ers, les gens tenans nos Cours de Par-

Jement , Maiſtres des Requeſtes ordinaires de nôtre Hôtel Grand-Conſeil , Prevoſt de Paris , Baillifs , Seneſchaux , leurs Lieutenans civils & autres nos Juſticiers qu'il appartiendra , Salut : Nôtre cher & bien amé le Sieur Deſlandes de nôtre Academie des Sciences Nous ayant fait remontrer qu'il ſouhaiteroit faire imprimer un livre intitulé *l'Art de ne point s'ennuyer* de ſa compoſition & donner au public , s'il Nous plaiſoit lui accorder nos Lettres de Privilege ſur ce neceſſaires , Nous lui avons permis & permettons par ces preſentes de faire imprimer ledit livre en telle forme, marge , caractere & autant de fois que bon lui ſemblera , & de le faire vendre & debiter par tout nôtre Royaume pendant le temps de quatre années conſecutives à compter du jour de la date deſdites preſentes. Faiſons deffenſes à toutes ſortes de perſonnes de quelque qualité & condition quelles ſoient

d'en

d'en introduire d'impreſſion étrangere dans aucun lieu de nôtre
obéïſſance , & à tous Imprimeurs
Libraires & autres d'imprimer, faire imprimer, vendre , faire vendre,
debiter ni contrefaire ledit livre
en tout ni en partie , ni d'en faire
aucuns extraits ſans la permiſſion
expreſſe & par écrit dudit ſieur expoſant, ou de ceux qui auront droit
de lui à peine de confiſcation des
exemplaires contrefaits , de quinze
cens livres d'amende contre chacun des contrevenans , dont un
tiers à Nous , un tiers à l'Hôtel-
Dieu de Paris l'autre tiers audit
Sieur expoſant & de tous depens
dommages & intereſts : à la char-
ge que ces preſentes ſeront en-
regiſtrées tout au long ſur le re-
giſtre de la Communaté des Imprimeurs & Libraires de Paris, &
ce dans trois mois de la date d'i-
celles, que l'impreſſion dudit livre
fera faire dans noſtre Royaume &
non ailleurs , en bon papier & en
beaux caracteres , conformemens

aux Reglemens de la Librairie &
qu'auparavant que de l'expofer en
vente, il en fera mis deux exemplaires dans nôtre Bibliotheque pu-
blique, un dans celle de noftre
Château du Louvre & un dans
celle de nôtre trés-cher & feal
Chevalier Chancelier de France le
Sieur Voifin Commandeur de nos
Ordres, le tout à peine de nullité
des prefentes. Du contenu defquel-
les vous mandons & enjoignons de
faire joüir ledit Sieur expofant, ou
fes ayans caufe, pleinement & pai-
fiblement, fans fouffrir qu'il leur
foit fait aucun trouble ou empê-
chement. Voulons que la copie
defdites prefentes qui fera impri-
mée au commencement ou à la
fin dudit livre, foit tenuë pour
duëment fignifiée & qu'aux co-
pies collationnées par l'un de nos
amez & feaux Confeillers & Se-
cretaires foy foit ajoûtée comme à
l'original : Commandons au premier nôtre Huiffier ou Sergent de
faire pour l'execution d'icelles tout

autres actes requis & neceffaires fans demander autre permiffion & nonobftant clameur de Haro charte Normande & lettres à ce contraires : CAR tel eft noftre plaifir. Donné à Verfailles le trente uniéme jour du Mois d'Octobre l'An de Grace mil fept cent quatorze & de nôtre Regne le foixante - douxiéme.

Par le Roy en fon Confeil.

FOUQUET

Regiftré, enfemble la ceffion, fur le Regiftre n° 3. de là Communauté des Libraires et Imprimeurs de Paris pag. 881. n°. 1101. conformément aux Reglemens & notamment à l'Arreft du 13. Août 1703. à Paris le 1. Decembre 1714.

ROBUSTEL Syndic.

Je cede le préfent Privilege au Sieur Ganeau Libraire de Paris pour en joüir fuivant nos conventions. A Paris ce 27. Nov. 1714.

DESLANDES.

É ij.

A MADAME

DE M***

QUE vous êtes à plaindre, MADAME, & que je suis touché de vôtre sort ? née avec tous les agrémens que l'esprit & la beauté donnent à une jeune personne, vous deviez vous promettre l'établissement le plus flateur. La Fortune n'a point suivi les vûës de la Nature. Je ne sçay si

EPITRE.

c'eſt par aveuglement ou
par jalouſie. Vos charmes
ſont devenus la proye d'un
Mary farouche & bizar-
re. Livrée à ſes caprices,
vous vous trouvez exilée
au fond d'une Province
groſſiere, où l'eſprit paſſe
pour un vray monſtre. Que
vôtre délicateſſe doit être
choquée des manieres im-
polies de ces Gentils-hom-
mes, qui aſſiegent tout le
jour vôtre maiſon ? avec
moins d'eſprit, vous ſeriez
plus heureuſe. Mais par
une deſtinée aſſez triſte,
vôtre diſcernement fait
vôtre ſuplice. Tout eſt mes

EPITRE.

niere dans les Provinces :
on n'y connoit qu'une politeſſe fade & montée ſur
de grands mots. Pourriez-
vous, *MADAME*, vous
aprivoiſer avec elle ? la
fineſſe de vôtre goût & la
naïveté de vos ſentimens
m'aſſurent du contraire.
Que les jours doivent vous
paroître longs, dans un Païs
où perſonne ne ſe pique de
penſer ? Je crains même
que vos reflexions, malgré
la ſageſſe qui les caracte-
riſe, ne vous fatiguent à
la fin. Gardez-vous cependant de vous trop livrer
aux bizarreries d'une hu-

meur chagrine. Il y a un'
art de ne point s'ennuyer,
& cet art est proprement ce
que la nature offre de plus
ingenieux & de plus fin.
Je tâcheray d'en donner
une idée exacte dans cet
Ouvrage. Peut-être merite-
ra-t'il l'approbation des personnes qui aiment les vûës
neuves & hardies. Au reste,
MADAME, vous de-
vez m'avoir quelque obli-
gation des peines que je
me donne, pour vous desen-
nuyer. Le cœur y a plus
de part que l'esprit. Lais-
sez donc à vôtre délica-
tesse le soin de regler vâ-

ÉPITRE.

tre reconnoiſſance : & je me perſuade qu'elle ſera accompagnée d'un retour ſincere.

L'ART
DE
NE POINT S'ENNUYER.

CHAPITRE I.

Quel est le tour d'esprit le plus heureux pour ne point s'ennuyer dans le monde.

L'UNIVERS offre un spectacle trop froid & trop languissant ; il ne s'y passe rien de neuf, rien qui puisse inspirer une attention vive : ce sont toûjours les mê-

A

mes points de vûës & les mêmes décorations qui fatiguent
les yeux les plus nonchalans :
aucune difference eſſentielle
dans les rôles : aucune varieté conſiderable dans les
caracteres : de nouveaux ac-
teurs ſuccedent à ceux qui ſe
retirent du theatre : mais ils
conſervent & leurs geſtes &
leurs habits. L'eſprit le moins
attentif ne peut les méconnoître. Ce mouvement rapide
qui emporte tout , & qui
cauſe une ſuite perpetuelle
de revolutions dans les affaires humaines , ne change
cependant point la face de
la terre : c'eſt ce qui a fait
dire au Duc de la Roche-
Foucault : *On ne devroit s'é-*
tonner que de pouvoir encore
s'étonner.

Tous les Siécles fe reſſemblent, & le monde n'eſt point different aujourd'huy de ce qu'il étoit dans ſa plus grande jeuneſſe. On voit renaître parmy nous les mêmes ſotiſes & les mêmes ridicules, qui ont caracteriſé nos peres ; beaucoup d'inconſtance & de vanité ; un goût vif pour ce qui eſt faux ou merveilleux ; une crainte étudiée de ſe connoître, & peu d'attachement aux choſes les plus utiles : voilà ce qui compoſe l'hiſtoire de chaque ſiécle. L'eſprit & le cœur de l'homme ne changent jamais. Oſeray-je le dire : ils empruntent de l'intereſt ou de l'amour propre les differentes ſituations où ils peuvent ſe trouver. Heureuſement avare, la Nature femble les avoir chargés du détail de nôtre conduite. C'eft de leurs foins & de leur habileté que dépend tout le jeu des paffions ; il y a un art caché , mais fimple dans toutes leurs faillies : & la veritable fcience eft celle qui s'éforce d'en découvrir les principaux rapports.

Une fine meditation apprend à l'homme ce qu'il doit à l'intereft ou à l'amour propre. Plein des idées qu'elle luy infpire , il fe ménage un point de vûë auquel il puiffe raporter tous les objets qui l'environnent. Ses démarches & fes penfées ne s'en écartent jamais. En effet un voifinage trop prochain ou un trop grand éloignement expofent

les yeux à des erreurs groffieres : on n'évite ces deux
extremitez que par une forte d'étude qui fuppofe beaucoup d'éxactitude dans l'efprit: & cette étude eft le premier caractere qui marque
les grands hommes.

On ne s'ennuye dans le
monde, que parce qu'on s'a-
bandonne trop aux empor-
temens d'une imagination dé-
reglée. Trop voifins de nôtre fort & trop éloignés de
celuy des autres, nous ne
pouvons en juger fainement.
De-là naiffent mille idées
fauffes & ridicules, que l'orgueil ne nous offre cependant que fous des déhors flateurs. Guidé par les faillies
d'une impatience vive, l'efprit n'ofe alors demeurer

dans une affiete tranquille.
C'est ce qui arriva à un Empereur fameux. Laffé du trône, il voulut goûter ce qu'une condition obfcure paroît avoir de charmes : mais il ne put en foûtenir l'indolence : *& le jour qu'il ceda la Couronne a fon fils, fut le jour même qu'il fe repentit de luy avoir fait un tel * prefent.*

Est-ce à l'inconftance de l'efprit ou à la malignité du cœur, qu'on doit imputer le peu de cas que chacun fait de la condition ? Etrange caprice ! les biens qui ne peuvent nous échaper, deviennent infenfiblement l'objet de nôtre mépris. Plus l'efperance a été vive & flateufe, moins la poffeffion femble avoir de

* Strada *de Bello Belgico.*

charmes. Suivie de cette langueur qui naît de la tranquillité , elle émo sie nos
goûts & elle affoiblit nos sentimens.

Ce sont là les fruits de
cette source inépuisable de
desirs qui emb rassent le
cœur humain. Comme il ne
peut les contenir tous à la
fois , il s'y abandonne suc-
cessivement, donnant tantôt
la préference à l'un de ces
desirs & tantôt à l'autre. Ce
qui fait que la vie n'est , à
proprement parler , qu'une
suite perpetuelle d'inconstan-
ce & de legeretez. Les mêmes choses ne se presentent
point deux fois à nôtre esprit de la même maniere. Elles changent de figure & de
raports , à mesure que nous

changeons de point de vûë.
Les premieres idées s'effa-
cent : & la nouveauté qui a
une hardiesse singuliere pour
frapper l'esprit , en admet
d'autres à leur place sans aucun examen.. L'homme qui
a une fois perdu le fil du vray,
est presque incapable de le
retrouver . il ressemble à ces
malheureux qui s'égaroient
dans le labyrinthe de Crête ,
& qui ne pouvoient jamais
retourner sur leurs pas.

Je suis persuadé qu'il faut
je ne sçay quoy de fin & de
gracieux dans la maniere de
penser, pour n'être point trop
ébloüi de ce qui se passe dans
le monde & pour en paroître
assez touché. Une admiration
servile & respectueuse sur-
prend l'esprit, le gêne & l'at-

tache à des objets qui ne peuvent le satisfaire. Accompagnée de la prévention, elle
ne sçait point l'art de mettre un juste prix aux choses
les plus communes. Voilà la
source de tant de faux jugemens, auxquels on s'aban-
donne. Nous avons besoin
que les passions répandent
sur nos sentimens un feu vif
qui les excite & les anime.
Mais la prudence doit nous
arrêter, quand nous cher-
chons à en être ébloüis. Il
faut pour cela qu'elle se ser-
ve d'une certaine grace qui
rende son empire aimable :
car l'homme paroît destiné
à se renouveller chaque jour;
& il tomberoit dans une indolence fade, si les passions
ne le soûtenoient. Maniées

delicatement, elles agitent le
cœur , fans le troubler : &
elles inquietent l'efprit, fans
l'affoiblir.

L'infenfibilité réduite en
fiftême, eft peut-être la plus
grande extravagance de l'ancienne Philofophie : Elle a
voulu perfuader à l'homme
de régarder les biens & les
maux d'un œil également fa-
tisfait. Cette fermeté cependant n'étoit qu'un beau mafque, dont fe fervoit l'orgueil
pour fe déguifer. Souvent on
méprife ce que les autres eftiment, par je ne fçay quelle fauffe grandeur d'ame qui
cache des raifons plus puiffantes. Que nôtre condition
eft déplorable ? Deftinés à
joüir de la vie , nous voulons en paroître peu touchés:

& nous abandonnons des
plaifirs folides , pour courrir
aprés une idée chimerique.
En effet quel bien eft plus
imaginaire que cette tranquillité d'ame qui fe refufe
aux paffions les plus agréa-
bles. Ariftippe , chef d'une
des premieres Sectes de la
Grece, difoit avec beaucoup
d'art *qu'il falloit regler fa vie*
fur fes fentimens , & non point
fur fes penfées. Nos penfées
nous frappent : nos fentimens
nous interreffent , & quelle
ardeur ne doit-on pas avoir
pour les chofes interreffantes.

Je m'imagine avec plaifir
qu'on n'a inventé les charges & les honneurs , que
pour être des reffources pro-
chaines contre l'ennuy. Aban-
donné à fes propres reflexions,

l'homme reffentoit toute l'é-
tenduë de fa foibleffe. Je diray quelque chofe de plus :
il ne pouvoit s'accorder avec
luy-même : on appella à fon
fecours les dignitez , les pré-
feances, les titres de noblef-
fe : enfin toutes ces diftinc-
tions imaginaires qui en im-
pofent quelquefois aux ames
les plus fortes. Dois-je aver-
tir que la raifon en a mur-
muré , mais fans aucun fruit?
Aprés tout bien des gens fe
trouveroient dans de cruelles
peines, s'ils perdoient de vuë
l'attirail pompeux qui les en-
vironne. Foibles amufemens,
mais que la vanité nous a
rendus néceffaires ! Par con-
fequent on ne doit s'en fervir qu'avec beaucoup de pré-
caution , & feulement pour

avoir quelque part à la co-
medie qui se jouë dans le
monde: il n'appartient qu'aux
grands esprits d'en être sim-
ples spectateurs, parce qu'il
n'appartient qu'à eux seuls
d'en pouvoir juger avec un
discernement solide.

Vivement touché du plai-
sir de se connoître, chacun
doit proportionner à l'étenduë de son genie le cas qu'il
doit faire des charges & des
honneurs ; regle certaine, &
qui comprend presque toute
la science du monde ! moins
on a de force d'esprit, plus
on doit s'éloigner de soy-même, en se livrant aux affaires publiques : c'est un moyen
infaillible pour entrer agreablement dans le commerce
de la vie ; & je crois que la

Nature veut dédommager
par là les genies médiocres.
Le rôle que jouë l'esprit paroît compofé de tout ce qui
manque à celuy que jouë la
fortune. Cependant l'un a be-
foin du fecours de l'autre :
& de pareils befoins forment
ordinairement les plus doux
liens de la focieté.

CHAPITRE II.

Si les gens d'efprit font plus fujets à s'ennuyer que les fots ?

L E caractere effentiel de
la vraye urbanité con-
fifte dans une exactitude de
goût, qui va même jufqu'au
fcrupule, les chofes rudes &
groffieres la bleffent : l'air de

rufticité l'effraye. Que nôtre
condition eft malheureufe !
nous ne devenons délicats,
que pour devenir plus difficiles & fur le choix des plaifirs & fur la maniere de les
goûter. Mademoifelle de Scu-
dery difoit , avec je ne fçay
quelle grace , que *la nature*
l'avoit trop favorifée, Elle fen-
toit qu'un difcernement vif
lui déroboit mille plaifirs, qui
flatent la plus grande partie
des hommes. Cette remarque
me paroît judicieufe , quoiqu'elle foit dûë à l'amour
propre. Il y a des effufions de
cœur , où la nature fimple &
naïve emprunte le dehors
de la vanité : que dis-je ! ou
la vanité devient un des principaux caracteres de la nature.

Il eſt certain que cette fineſſe d'eſprit dont je viens de
parler, empêche que l'homme
ne s'ennuye avec lui-même ;
mais elle n'a pas la même
force , pour lui rendre aimable le commerce des perſonnes avec leſquelles il eſt obligé
de vivre ; les moindres bagatelles occupent les petits eſ-
prits. Incapables de ſe prêter
à des vuës heureuſes , ils ne
peuvent s'élever à rien d'im-
portant , ni s'égayer par des
folies ſpirituelles; la premiere
vûë d'un objet les frappe &
les amuſe , rien ne leur paroit fade ; rien ne peut les
glacer, ils trouvent de l'enjoüement dans les traits les
moins nobles & les moins ingenieux , également ſatisfaits
de la lecture de Plaute & de
Terence ,

Terence, ils ne fçavent point
faire la difference de ce fel
qui pique le goût des honnêtes gens & de ces plaifan-
teries groffieres, qui font le
charme de la plus vile popu-
lace; ces fortes d'efprits ne
s'ennuyent jamais, ils n'ont
pas même affez de penetra-
tion pour comprendre com-
ment on peut s'ennuyer, les
caracteres les plus infipides
leur plaifent, une chere délicate & un repas où les vian-
des font entaffées fans ordre
& fans élegance, les frappent
également.

Pour ceux qui penfent &
qui penfent avec jufteffe; ils
ne peuvent fe dépoüiller de
je ne fçay quel exterieur qui
fait croire fouvent qu'ils s'ennuyent; ce n'eft pas qu'ils

dédaignent un badinage gracieux, & que leur caractere
les porte toûjours à paroître
avec un vifage compofé ; ils
aiment au contraire ces parties de plaifir , où la raifon
femble oublier fa feverité
naturelle , & où elle permet
à la joye de lui dêrider le
front ; mais il faut que ces parties foient liées par les Graces,
& l'on n'y doit recevoir que
ceux qu'elles veulent bien
avoüer : c'eft ce qu'Horace
nous recommande d'une ma-
niere elegante , en parlant
des parties de plaifir, où Sci-
pion & Lælius, deux des plus
grands hommes de l'ancienne
Italie, s'affuroient de l'amitié
de Terence ; *il y a des lieux,*
ajoûte le Satirique Romain,
où la folie eft plus de mife que
la fageffe.

Par conſequent on ne doit
pas être ſi exacte ſur les ſaillies d'une imagination vive,
ni ſe demander toûjours de
bonnes raiſons pour ſe ré-
joüir. Cette juſteſſe ne ſied
pas bien dans la liberté &
l'épanchement de la joye ;
mais il ne faut pas auſſi prodiguer ſa gayeté & la livrer
à toutes ſortes de perſonnes,
on en trouve rarement qui
meritent qu'on la leur ſa-
crifie. J'ay lû dans un Ouvrage * plein de traits ſingu-
liers, que la Comteſſe de la
Suze paroiſſoit fort ſerieuſe
dans le grand monde, & que
ſon enjoüement n'avoit point
de bornes quand elle ſe trou-
voit avec ſes amis , ils pou-

* Voyez le Mélange critique de Litte-
rature,

B ij

voient feuls l'exciter à la joye
& lui donner cet air d'affu-
rance, qui rend les converfations délicieufes ; on s'anime bien plus vivement quand
on s'anime avec de juftes précautions.

Les efprits qui font , pour
ainfi dire , ouverts à tout le
monde, manquent ordinai-
rement de fineffe : une Coquette fans art , & qui reçoit avec le même empreffe-
ment les affiduitez de tous
ceux qui l'environnent, a bien
moins d'attraits qu'une fem-
me habile & qui fçait choifir. Les perfonnes qui ont ve-
ritablement le goût délicat,
lui reffemblent, on ne les voit
point s'abandonner à toutes
fortes de plaifirs ; ceux qui
ont joüer a u cœur un per-

fonnage agreable , peuvent feulement les flatter.

Il eft certain qu'on fouffre beaucoup dans le monde , quand on a un difcernement perfectionné par tout l'art que la Philofophie la plus brillante peut infpirer : les gens qui ne penfent point & qui raifonnent d'une maniere ridicule , ceux qui laiffent écouler leur vie en defirs & qui la confument en projets, ceux qui n'eftiment rien que les faveurs incertaines de la fortune, en un mot les efprits qui font toûjours au delà du vray , font fi communs dans la focieté , qu'ils en alterent toute la douceur , & quels agrémens peut fournir un commerce trop inégal ou trop farouche ? Sa deftinée eft

malheureuse, il paroît chaque
jour expofé au mépris de
ceux qui ont joint un enjoû-
ment vif à une étude riante :
eft-il pour eux un fupplice
plus rude , que de fe trouver
avec des perfonnes qui s'é-
garent à tout moment , &
dont l'imagination eft rem-
plie de penfées froides , ou
de vûës chimeriques ? Une
oreille fine n'eft pas plus choquée des faux accords d'un
concert bizarre.

Le commerce de la vie ,
pour être agreable, doit s'ap-
puyer & fur cette fcience badine qui polit les mœurs , &
fur cet art ingenieux qui
anime les plus fades converfations. Sans leur fecours l'indolence s'en empare, qui entraîne prefque toûjours aprés

elle la fechereffe & la groffiereté. Voiture avoüoit avec
cet air plaifant qui affaifonne
quelques-unes de fes Lettres ;
Qu'il n'y avoit point affez
d'efprit dans fon quartier, &
que les filles en étoient trop fot-
tes pour être attaquées par un
homme comme luy. Je ne fçay
fi les moins coquettes ne crai-
gnent pas la bonne opinion
que les gens d'efprits ont des
affiduitez qu'ils leur rendent,
car elles fe déclarent rarement en leur faveur ; il y a
quelque apparence de raifon
dans ce procedé , une reconnoiffance qu'on achete paroit
une chofe dûë.

Je ne parle point de cette
vanité fombre & auftere, qui
éloigne du commerce le plus
fpirituel certains fçavans mé-

lancoliques , il vaut mieux renoncer aux prefens de la nature , que les payer par une folitude continuelle. Je ferois affez de l'humeur des Abderitains , qui voyant De-mocrite toujours feul & aban-donné à de profondes refle-xions , envoyerent chercher Hyppocrate , pour le guerir de cette efpece de folie qui le rendoit inutile à la focieté. Hyppocrate le reconnût & lui rendit juftice ; mais ceux qui l'approchoient ne purent jamais approuver ce filence fier & dédaigneux qu'il af-fectoit. La mélancolie doit-elle être l'appanage de la rai-fon & de la fageffe ?

CHAPITRE III.

*Des précautions qu'on doit pren-
dre, pour ne point s'ennuyer
avec soy-même.*

R Ien n'eſt peut-être plus
utile à l'homme que cet-
te ſcience délicate qui lui fait
trouver dans ſon propre fond
des reſſources flateuſes contre
le chagrin ; elle n'eſt point entierement inſpi e par la nature, il faut que l'Art s'en
mêle & qu'il la perfectionne:
l'étude peut elle être mieux
employée ? en effet, chacun
doit s'aſſurer d'un aſſez grand
nombre d'idées vives & tou-
chantes, pour s'en ſervir dans
les occaſions où les idées étrangeres lui manquent, ſans quoi

C

l'on donne des marques cer-
taines d'un fond fterile : &
faut-il que l'air de *perégrinité*
nous plaife fi fort, que nous
perdions celui qui nous eft
naturel ?

L'efprit a fes befoins, & fes
befoins font peut-être auffi
étendus que ceux du corps ;
il veut qu'on le gouverne
avec foin, qu'on le rafine &
qu'on le rende plus exact,
plus jufte & plus folide ; fon
temperamment devient par-
là ferme & robufte, mais fes
maladies font difficiles à guerir. La principale eft je ne fçai
quelle langueur qui plonge
l'homme dans une fombre
triftefle ; il fe cherche alors;
& il ne peut ni fe trouver ni
fe reconnoître ; fi la vanité
lui prête une contenance fiere

& hardie , le mécontente-
ment secret qu'il a de lui-
même , n'en devient que plus
fort.

On ne trouve que peu
d'exemples de cette espece de
fermeté. L'homme craint de
se gêner , quand il ne pré-
voit point quelque utilité
brillante qui le dédommage
des peines qu'il se donne. C'est
au contraire une chose tres-
commune que de rencontrer
des gens qui avoüent de bonne foy qu'ils s'ennuyent avec
eux-mê.nes: les momens qu'ils
passent seuls , leur semblent
d'une durée infinie : obligés de se répandre au de-
hors , ils ne peuvent joüir ni
de leur esprit ni de leur
cœur ; je pourrois les com-
parer à ces malheureux qu'at-

raque une maladie finguliet,
ils n'ofent regarder un miroir,
ni rien de tranfparent , de
peur de rencontrer leur ref-
femblance. Y a-t'il une condition plus trifte , que celle
où l'on fe trouve de mauvaife
compagnie ?

Les plaifirs ne peuvent pas
toûjours nous accompagner ,
& il arrive que leur vivacité diminuë à mefure qu'on
en joüit. Nos amis nous manquent quelquefois. Le moindre changement dans la fortune caufe mille alterations
dans les fentimens. L'efprit
le plus fertile en inventions
agreables peut bien varier fes
gouts , mais il ne peut pas
les fatisfaire ; de là naît une
inquietude continuelle , vray
tourment de l'efprit. Qu'un

homme eſt alors à plaindre,
quand il ne peut s'entretenir
avec lui-même ? J'ai remar-
qué que ceux qui aiment le
plaiſir ſans aucun diſcernement, tombent dans un chagrin mortel , lors qu'ils ſe
trouvent ſeuls ; incapables de
ſe flatter , ils payent par des
retours cuiſans les ſenſations
fines & galantes qu'ils ont
euës , ou à un concert exquis , ou à une table ſplen-
dide : on diroit que la nature
ſe repent de leur avoir été
trop favorable : elle a au contraire toutes ſortes de ména-
gemens pour ces débauchez
ſpirituels , qui tâchent d'é-
gayer leur raiſon & de la
rendre libertine ; partagez
entre les plaiſirs & les refléxions , ils ſçavent l'art d'en

faire un mélange heureux,
l'esprit brigue souvent l'amitié
du corps.

Ovide, qui étoit un grand
maître dans la science de
vivre délicatement, a dit
plus d'une fois que les momens de la vie les plus flateurs
lui paroissoient ceux où l'on
reflechissoit sur les plaisirs
qu'on avoit eûs ; c'est alors
que l'esprit prend diverses
formes, qu'il change souvent
de situation & qu'il devient
un veritable Prothée : dans
la vûë d'examiner attentive-
ment l'objet qui a sçù lui
plaire ; il en étudie toûs les
rapports, il se retrace mille
petites délicatesses dont il a
brigué l'heureux secours, &
qu'un sentiment trop vif avoit
dérobées à sa connoissance :

je fouhaite que cette maxime ne foit point entenduë de tout le monde.

On voit par là de quel prix nous doivent être les momens où nous nous trouvons feuls ; il n'y a perfonne qui ne puiffe fe ménager un certain fond de penfées délicieufes pour s'en fervir avec art : une fi aimable provifion eft la plus neceffaire de toutes celles que la jeuneffe offre à l'homme. Les plaifirs n'ont point feulement une utilité prefente : ce font des femences agreables que le cœur reçoit, & qu'il developpe quand l'occafion s'en mêle. La conduite du Maréchal de Baffompierre peut donner quelque luftre à ce que je viens de dire ; ayant été arrêté par ordre

du Roy & conduit à la Baf-
tille , il s'avifa de compofer
l'Hiftoire de fa Vie d'une
maniere affez bizarre ; il écri-
vit avec ordre tout ce qui
lui étoit arrivé chaque jour,
& fa memoire , comme on
l'affure, n'étoit point un mafque qu'empruntoit fa vanité.

Les biens & les maux paf-
fez ont droit de nous occuper
d'une maniere charmante ;
je croy même que les dan-
gers qu'on a heureufement
courus, infpirent à l'ame une
efpece particuliere de bra-
voure qu'on n'a point encore
expliquée : elle eft tout à-fait
differente de celle qui aveugle l'efprit , & qui lui dérobe
la connoiffance du peril. Virgile a dit avec affez de rafinement : *Nos malheurs mêmes*

nous doivent être précieux, on
ne s'en reſſouvient qu'avec plaiſir.

J'ajoûterai une nouvelle
reflexion à tout ce que j'ay
dit juſqu'icy. Il n'y a point
d'homme raiſonnable qui ne
ſoit quelquefois obligé de
s'étudier. Senſible à tous ſes
beſoins, la nature lui a im-
poſé cette loi, & elle eſt d'autant plus belle que la raiſon
l'a hautement confirmée ; une
fine méditation aiguiſe l'eſprit, perfectionne le goût &
donne aux paſſions la retenuë neceſſaire pour en ôter
le crime. Les objets enfin qui
nous environnent, nous frappent avec plus de vivacité,
quand nous avons ſoin de les
ſouſtraire quelquefois à nôtre
vûë : ſans cela on s'aprivoiſe

avec les plaifirs , & l'habitude en diminuë le prix. Les retours frequens que nous faifons fur nous-mêmes , renouvellent , pour ainfi dire , nos goûts ; il eft cependant à craindre que l'ignorance ou la vanité ne nous rendent ces retours ameres ; ce font deux écüeils , où l'efprit humain vient fouvent faire naufrage.

Les droits de la vanité font fort étendus. Coquette fans aucun ménagement, elle nous empêche de nous connoître , la plus legere idée des foibleffes attachées à nôtre condition la trouble & l'inquiette ; de là naît l'ignorance : je ne fuis pas furpris qu'elle ait toûjours charmé les hommes : combien y a-t'il de raifons puiffantes qui fem-

blent la favoriser ; l'indolence
de l'esprit, l'exemple des personnes distinguées par leur
naissance ou par leurs emplois, la foiblesse des motifs
qui la combattent, & sur
tout le mépris où les lettres
semblent être tombées ? Que
d'obstacles difficiles à vaincre?
cependant la science peut
seule triompher de l'ennui le
plus vif, & rien ne lui est
plus glorieux que le plaisir
qu'on éprouve, & souvent
malgré soi, dans les recher-
ches les plus difficiles & les
plus sauvages. La verité quoi
qu'enveloppée d'épines, ne
laisse pas d'avoir ses agrémens.

On ne manque jamais de
compagnie quand on a du
goût pour les sciences: adroite-

ment reconnoiffantes , elles
nous fuivent en tous lieux,
felon le langage * de Ciceron. On les trouve & à la
Ville & à la Campagne ; leur
commerce n'a rien de dur ni
de forcé , & la délicateffe
femble en être le caractere.
L'ami le moins fenfible a fes
interêts , peut-t'il fe piquer
d'une plus grande fidelité ?

CHAPITRE IV.

Des lieux où l'on peut s'ennuyer.

IL me femble que l'homme
n'eft occupé que du foin
d'infpirer aux autres la bonne
opinion qu'il a de lui-même.
Voilà le but des plus grandes
paffions , & l'origine des trou-

* V. fon Oraifon pour le Poëte Ar-
chias.

bles qu'elles excitent ; la vanité nous anime d'une maniere si flateuse , que nous en sommes ébloüis. L'air d'assurance qu'elle répand sur toutes nos actions , nous fait souhaiter ardemment que le public nous considere sous le même point de vûë ; quelquefois même nous nous flatons assez pour le croire ; les empressemens les plus vifs d'un cœur ambitieux ne tendent qu'à se bien placer dans l'estime du monde : l'amour propre lui trace les routes les plus aisées pour y réüssir. Il n'y a point de finesses & de subtilitez qui ne soient de son ressort : j'ose le dire , ces nœuds secrets qui lient certains caracteres , n'ont d'autre fondement qu'une facilité

imperceptible de recevoir les
mêmes impreſſions ; par conſequent le Philoſophe toûjours occupé de vûës ſeches
& épineuſes , s'ennuye à la
Cour ; & le Courtiſan plein
de chimeres & de ſon or-
güeil, s'exile des aſſemblées,
où regne tout le ſerieux de
l'auſtere philoſophie· Il y a
des ſituations heureuſes pour
chaque eſprit, & la veritable
habileté conſiſte à en faire
un choix délicat.

Tous les genies ne ſont pas
propres aux mêmes études,
& ils ne peuvent en tirer un
égal profit, ceux qui ont de
l'étenduë & de la ſolidité , ſe
familiariſent avec les épines
de la Geometrie ou de la Me-
taphyſique ; ceux qui penſent
les choſes finement puiſent

dans une imagination fleurie
des idées vives & interres-
santes. Un maintien grave &
auftere convient aux uns,
l'air galant caracterife les autres ; on peut dire la même
chofe des differens lieux où
l'on fe trouve , & cette remarque merite une attention
finguliere ; la nature n'eft jamais plus belle que dans les
bornes qu'elle fe prefcrit.

Les dépenfes d'efprit doivent être fagement mena-
gées. La Cour demande du rafinement & de l'adreffe. On
brille dans les Villes en vou-
lant moins briller : une complaifance ingenieufe & qui
fçait répandre les loüanges
à propos , s'ouvre une entrée
facile dans les Maifons des
Princes. Je ne fçay quel air de

pedanterie foûtenu de grands mots & d'hiſtoires extraordinaires , plaît plus dans les Provinces qu'un badinage naturel. On n'y eſtime que les traits marqués. Les converſations legeres en ſont tout à-fait bannies : ceux qui ont un diſcernement vif , peuvent ſentir l'embarras que cauſent ces differens points de vuë. L'œil y eſt ſouvent trompé.

L'uſage du Monde veut qu'on n'affecte point une ſienpe obſcure & profonde dans les lieux où l'imagination doit prodiguer ſes ſaillies. Toute la Grece auroit moins admiré l'eſprit galant d'Anacreon, ſi l'etude avoit appeſanti le ſiſiême libertin qu'il s'étoit fait de la volupté. On eſt plus

souvent contraint d'accorder
à la bien seance ce qu'elle
exige, qu'à la raison. Jaloux
de leur pouvoir, les hommes
ne veulent point qu'on cho-
que les regles qu'ils établis-
sent: aussi ne jugent-ils que
sur les apparences. L illustre
Saumaise, un des plus judicieux Critiques du dernier
siecle, s'apperçut bien * qu'il
paroîtroit étranger à la Cour
de France : & il refusa par
cette seule raison les offres
brillantes du Cardinal de Ri-
chelieu. Accoûtumé au commerce müet de ses livres & à
la secheresse d'un cabinet sa-
vant, il sentit qu'il manquoic
de cette politesse qui consiste
plus dans les manieres que
dans les sentimens. L'air de

* Voyez les Lettres de Gui Patin.

D

liberté qu'on respire en Hollande , luy plaisoit davantage. Il est certain que ceux qui sont touchés de ce que les sciences ont de sublime , traitent d'occupation superficielle l'art tant vanté de ne rien faire qu'avec grace. Cependant sans l'étude de ces petits détails qui regardent l'exterieur , on s'ennuye dans le monde : elle nous fait aimer , & ces liaisons où le cœur croit avoir quelque part , & ces commerces où le soin de se rejoüir tient le premier rang.

Saint Evremont ayant obtenu aprés un long exil la permission de revoir la France , n'osa entreprendre ce voyage. *Quel rang tiendrois-je* , disoit-il agreablement , *dans une Cour dont j'ignore toutes les manieres ? Accoûtumés à l'air de mon visage & à ma façon de vivre, les Anglois me souffrent volontiers. Pourrois-je esperer la même indulgence des jeunes François, qui haïssent tout ce qui leur rappelle l'idée de la vielle Cour ?* Ce discours cache une grande delicatesse de goût. En effet on doit fuir toutes les Compagnies dans lesquelles on n'est reçu que sous le masque d'étranger. Je ne connois point de maxime dans la sience de l'honnête homme qui ait une plus grande étenduë.

Je puis croire (& ce n'est point sans fondement), qu'il n'y a point de retraites si sauvages, où les gens d'esprit ne doivent trouver mille agrémens. La solitude les effraye

quelquefois : mais jamais elle ne les fatigue. Jerôme Ma-
gius, celébre Ingenieur de la
République de Venise, ayant
été pris par les Turcs, ne voulut point se plonger dans la
tristesse. Malgré les horreurs
d'une prison cruelle, il com-
posa deux excellens.* Trai-
tez, où l'on trouve toute l'é-
legance & la retenuë d'un
esprit tranquille. Je ne puis
refuser mon estime à ces illustres malheureux qui ne
perdent rien de leur gayeté
naturelle, ou pendant un long
exil ou dans une prison fâ-
cheuse. Superieurs à leurs dis-
graces, ils sçavent les dépoüiller de ce qu'elles ont de
triste & d'affreux. Les plain-

---

* Un de Equuleo & un autre de Tin-
signa inlis.

ces ingenieuses de Buſſi Ra-
butin marquent moins de ſen-
ſibilité pour ſes malheurs ,
que de force pour les ſoûte-
nir.

CHAPITRE V.

De l'exil d'Ovide.

JE ne doute point que toute la Cour d'Auguſte ne
ſe ſoit intereſſée à la diſgrace
d'Ovide : l'Empereur même
devoit le plaindre, quoyqu'il
ſe crût obligé de le punir. Sa
delicateſſe & ſon bon goûr
me le font croire. On ne pour-
ſuit qu'avec peine le vray merite : & la main qui ſe prépa-
re à le frapper, recule ſouvent
malgré elle. Ovide avoit l'eſprit riant , promt à ſe faire

des images nouvelles & à les
exprimer d'une maniere hardie. Toûjours plein de vûës
galantes, il fçavoit l'art d'embellir les matieres les plus feches : & peut-étre il les embe-
liffoit un peu trop. Son imagination étoit neuve : l'Etude qui gâte ordinairement le
plus beau naturel , luy avoit
procuré cette élegance naïve
qui paffe de l'efprit aux manieres. Je trouve la fcience
inutile, & même haïffable ,
quand elle ne nous rend pas
propres au commerce de la
vie.

Les Ouvrages d'Ovide ont
beaucoup de charmes. Ils
manquent à la verité de ce
feu qui caufe les grandes paffions : mais on y trouve je ne
fçay quelle douceur qui plaît

à tout le monde. Une uniformité gracieuse & delicate gagne l'esprit attentif , & elle l'oblige à s'interresser au fort d'un Auteur qui l'occupe agréablement.

On ignore le veritable sujet de la disgrace d'Ovide. Quelques-uns prétendent qu'un attachement trop declaré pour la fille d'Auguste , le perdit. D'autres en rejettent la cause sur le libertinage qui regne dans ses écrits. Quoyqu'il en soit ; son Art d'aimer est une des plus belles productions des Anciens , & jamais on n'a traité la galanterie avec plus de metode. L'amour même semble luy avoir cedé toute son éloquence. Malgré tant d'heureux talents , il fut obligé de quitter Rome pour s'aller cacher dans un pays barbare. La peinture qu'il fait de son départ est si touchante qu'on a quelque plaisir à le voir malheureux : *je ne puis, dit-il, * sans répandre des pleurs, me rappeller cette nuit cruelle, où je fus obligé de quitter Rome & tout ce que j'avois de plus-cher au monde. Un ordre rigoureux me pressoit. Peu maître de mon esprit, à peine avois-je pû me resoudre à partir. Que dis-je ? J'étois entierement semblable à un homme qui vient d'être frapé du tonnere, & qui doute encore s'il vit. Quand la raison eut calmé mes premieres allarmes : je me trouvay entre les bras d'une épouse mourante &*

---

* Voïez l'Elegie. *Cùm subit illius tristissima, &c.*

qui

*qui me ferroit tendrement. Les
pleurs de mes amis redoubloient
mon defefpoir : & j'avois le
chagrin de n'en voir que deux
ou trois qui s'interreffoient à
mon fort.* L'appareil qui pré-
cede la peine ou le plaifir,
me paroît être ce qu'il y a de
plus rude ou de plus char-
mant dans la vie.

Ovide mourut exilé & fans
avoir pû flechir l inclemence
d'Augufte. Son occupation
dans le pays du monde le plus
fauvage, étoit de plaindre fes
malheurs & de les faire fentir à fes amis. Privé de tout
commerce , il fe livra aux
Mufes : & elles charmoient
fa mélancolie. Une douleur
qui s'exprime avec autant
d'art que s'exprimoit celle
d'Ovide, me paroît trop fça-

E

vante , pour accabler entierement un efprit delicat. Que
fcay-je même , fi elle ne fert
pas à rendre la vie moins ennuyeufe ? Le cœur veut être
occupé , quand il le feroit
defagreablement : il craint
fur tout de languir dans cette oifiveté fade & honteufe,
que l'amour propre regarde
comme fa plus cruelle rivale,

CHAPITRE VI.

Reflexions fur ce qui peut ren-
dre la folitude agreable.

IL y a des momens heu-
reux pour quitter le grand
monde. Un repentir vif, mais
inutile , tourmente ceux qui
ne fçavent pas en profiter.
Souvent la raifon eft trop li-

bertine pour s'écouter elle-
même. La décadence d'une
réputation brillante , le be-
foin de fe faire de nouveaux
amis , la crainte d'une dif-
grace prochaine , & fur tout
de trop grandes faveurs de
la Fortune nous annoncent
le tems le plus propre à chercher une rétraite honorable.
On fe retire alors du monde
avec toute fon eftime : quelques heures aprés on com-
mence à l'ennuyer. Uniquement fenfibles à ce qui les
frappe , les hommes ne veulent point que les mêmes ac-
teurs s'offrent toûjours à leurs
yeux : une nouveauté moins
gracieufe leur plaît plus qu'u-
ne brillante uniformité. Tel
eft nôtre caractere. Xerxes,
fi connu par la formidable

armée qu'il mena en Grece, vivoit au milieu d'une Cour, où le libertinage le plus hardi n'avoit laiſſé rien à deſirer. Cependant peu ſatisfait de ſon ſort, il promit des recompenſes magnifiques à ceux qui inventeroient de nouveaux plaiſirs : & l'art qui les étudie, étoit le moyen le plus ſûr pour gagner ſes bonnes graces.

. La même habileté qui ſoûtient un grand rôle, doit y renoncer à propos. Eclairée par des reflexions ſages & utiles, elle conſulte moins ſes propres interêts que ceux des autres. Les hommes veulent ſouvent pour admirer, qu'on leur épargne la peine de craindre. Ciceron, en repreſentant à Ceſar qu'il devoit

vivre pour luy-même, crût
le loüer d'une maniere delicate. *Tout l'Univers*, luy * di-
soit-il, *a admiré la justesse de*
vos desseins & la rapidité de
vos conquétes. Sûr de vótre ré-
putation, livrez - vous entie-
rement à vous - méme. De si
sages conseils n'effarouchent
point l'amour propre : il se
cache souvent pour paroître
avec plus de vivacité.

Apprivoisés avec les idées
flateuses qu'offre le grand
monde, nous méprisons une
retraite tranquille. Cependant elle a ses charmes, qui
font oublier agreablement le
tumulte des affaires. Une nonchalance oisive se refuse aux
passions trop fieres & trop
emportées : mais elle admet

celles qui font douces & tou-
chantes. Ce que les fentimens
ont de plus fin & de plus exquis, femble luy être deftiné.
Monfieur de Fontenelle en
loüant la vie paftorale, avoüe
qu'elle eft exemte de ces agi-
tations où l'on cherche plus
l'éclat que le plaifir. Nés dans
le fein de l'abondance, les
Bergers n'ont d'autres emplois que ceux qu'une pareffe ingenieufe caracterife. La
Nature toûjours riante & qui
ne cherche point à tromper
leurs régards, les preffe de
joüir de la vie. Mille riens
amoureux, un badinage le-
ger, des bagatelles qui échap-
peroient à d'autres yeux, les
occupent. Enfin la tranquillité charmante dont on joüit
à la campagne, femble avoir

fait naître la galanterie. Ose-
ray-je le dire : cette tranquillité ressemble à une belle ,
dont la negligence & le dé-
rangement ont plus de grace qu'une parure étudiée.
L'art gâte souvent ce que la
Nature a pris soin d'embellir.

L'esprit est gêné , quand
il s'efforce de remplir tous les
devoirs de la vie civile. Une
crainte secrete le retient :
l'envie de plaire l'agite con-
tinuellement : mais il retrou-
ve dans la retraite cette douce liberté dont dépend sa force & sa delicatesse. C'est - là
que les passions perdent ce
qu'elles inspirent de trop au-
dacieux,& que le cœur n'emprunte rien de l'art : ses sentimens sont vifs sans hardiesse & agreables sans noncha-

lance. La fraude fur tout &
la diffimulation n'ofent les
corrompre. Virgile s'eft fervi
de ces traits , pour embellir
la defcription * qu'il nous a
laiffée de la vie paftorale.
C'eft proprement celle qui
convient aux Mufes , & qui
adoucit l'aufterité de leur fageffe. Coquètes avec cette
prudence qui rend la coqueterie aimable , elles haïffent
les lieux trop frequentés.

Je me perfuade aifément
que la vie la plus delicieufe
eft celle qu'on paffe loin des
diftractions du monde. On
s'épargne bien des peines &
bien des chagrins, qui en font
une fuite inevitable. Il y a
quelquefois de la grandeur
d'ame à fuir le danger. Moins

* V. le I I I. Livre des Georgiques.

l'homme a de rapports brillants avec les objets qui l'environnent, moins il est contraint & gêné: plus son bonheur est solide. On ne se plaît à la lecture de l'Astrée, ou à celle des Poësies Pastorales * que parce qu'on y trouve l'image d'une vie tranquille. Destinée aux inclinations les plus agreables, elle represente une nonchalance délicieuse & préferable aux mouvemens de l'ambition la mieux recompensée.

L'orgueil de l'homme le rend malheureux. Inquiete, ardent, avide de nouvelles connoissances, il s'agite & s'égare: au lieu qu'il devroit se contenter de joüir des avan-

* Telles que l'Aminte du Tasse, le Pastor fido du Guarini, &c.

tages que lui offre la Nature, liberale feulement envers
ceux qui ne veulent point l'a-
profondir. Epicure eft peut-
être le premier auteur de cette judicieufe réflexion : du
moins elle a été fort applau-
die par les Philofophes, qui
fe font déclarés en faveurs de
fa morale. Horace la fait va-
loir d'une maniere charmante. Perfonne certainement n'y
étoit plus propre. Né avec
tous les avantages qui forment un fage libertin, il étoit
l'ornement de la Cour d'Augufte : mais amy de l'indépendance, il s'excufa auprés
de l'Empereur qui luy offroit
une place de Secretaire de
fon Cabinet. La plus haute
Fortune ne tente point un
cœur endormi dans cette mo-

leſſe ſpirituelle que l'amour
de l'étude caracteriſe.

Je dois remarquer icy qu'on
trouve parmi les Oeuvres mê-
lées du Chevalier Temple un
eſſai fort ingenieux ſur la retraite. Ce ſage Anglois avoit
été employé dans des Negotia-
tions fort importantes, & y
avoit réüſſi. Il s'étoit même
aſſez diſtingué, pour joüir de
ſon propre merite : mais dans
le tems qu'une révolution im-
prevuë, ſembloit l'appeller
aux premiers emplois : il ſe
retira de la Cour, pour s'a-
bandonner entierement à l'é-
tude. *Rien n'eſt plus agreable,*
écrivoit-t-il dans ſa retraite,
que l'oiſive tranquillité d'un
Philoſophe qui s'étudie luy-mê-
me : il n'eſt point eſclave des
honneurs ni des emplois publics.

L'envie de devenir sage & heureux l'occupe uniquement. Maître de son cœur, il le derobe à cette foule de passions qui se disputent entr'elles le triste plaisir de le dechirer. Sa prudence examine tout : mais elle n'est point incommode. Le Chevalier Temple parloit de la vie privée, en homme qui l'avoit choisie par goût & non par affectation : il étoit fatigué d'un embarras illustre. La Nature ne nous accorde que fort peu de biens : & nous en sommes tres-convaincus : mais par je ne sçay quelle fatalité, nous détruisons nous mêmes nôtre bonheur, en redoublant nôtre attachement pour des choses vaines & incapables de rassasier un cœur noble.

CHAPITRE VII.

De la préference que les grandes
Villes meritent fur celles qui
font moins frequentées.

LEs plus honteufes paf-
fions décident du fort
des hommes. Une avarice cri-
minelle les conduit dans ces
climats barbares, où la Nature eft prefque méconnoif-
fable. L'ambition qui s'épui-
fe en projets chimeriques, les
arrache aux douceurs d'une
vie privée & les plonge dans
mille chagrins. Toûjours en
proye à des folles illufions, ils
ne fe procurent des aziles que
pour en être chaffés par de
nouveaux foins. Une efperance trompeufe amufe & féduit

leur credulité. Oferai-je le dire : elle reffemble à ces ondes
fugitives qui irritoient la foif
du malheureux Tantale , &
qui ne l'irritoient que pour
le trahir.

La vûë d'une Mer agitée &
qui cede à la fureur des vents
& des flots eft prefque l'image
de la vie humaine. Cette com-
paraifon a été affez bien ma-
niée par un Poëte * Flamand,
celui d'entre les Modernes qui
a le mieux imité Tibulle &
Properce. Chacun fe propofe
un terme qu'il appelle le but
de fes travaux : c'eft là qu'il
borne des vœux quelquefois
inutiles , toûjours rapides.
Mais le croira t-on ? ce terme
s'éloigne de luy , à mefure
qu'il croit s'en approcher. De

* Par S. Hofchius Jefuite d'Anvers,

fausses lueurs l'arrêtent quelque tems. Enfin le nuage se dissipe, & son avidité n'en devient que plus forte. Que je plains l'homme? Il souhaite le repos, & toute sa vie se passe dans des allées & des venuës. Lauriers sanglans, honneurs incertains, reputation chimerique, nous vous sacrifions nos veilles: que dis-je : nos plaisirs & nos sentimens ? La vieillesse glacée & déja compagne de la mort, s'abandonne aux mêmes soins que cet âge impetueux, le triste joüet des passions les plus violentes.

Raisonnables, c'est la raison que nous consultons le moins. Je pourrois adresser à tous les hommes ce qu'un Prestre Egyptien adressoit à

un Peuple moins connu par
fon jugement que par fon efprit. *O Grecs , O Grecs ,. vous fe-*
rez toûjours enfans & vous ne
refpecterez jamais la pruden-
ce dont la vieilleffe eft fi refpecta-
ble. En effet on ne devient
point fage dans le monde aux
dépens de ceux qui ont été
fous. On les plaint quelquefois , & on les imite. *Les fo-*
tifes des peres , dit un Auteur
* judicieux; *font perduës pour*
leurs enfans. Quoiqu'il en foit,
la fageffe ne veut point qu'on
abandonne les Grandes Villes,
de peur d'y trouver plus de
ridicules que dans celles qui
font moins frequentées. Cette
efpece de faillie ne convient
qu'au Mifantrope de Moliere.
Il y a une certaine quantité

* M. de Fontenelle.

d'extravag,

d'extravagances répanduë parmi les hommes : leur hardieſſe dans quelques lieux en repare le nombre.

Nous ſommes tous nez pour la ſocieté, ſenſibles à ce qu'elle a d'agrémens , nous lui devons rendre un compte exact de nos actions , quelquefois même de nos penſées. Les défauts inſeparables de nôtre conduite, enſerrent les liens. Avec trop de perfections, l'orgüeil de l'homme ſeroit inſupportable, & qui voudroit ſubir un joug qu'il croiroit devoir impoſer ? Quoiqu'il en ſoit , ce joug eſt preſque imperceptible dans les grandes Villes. Les rangs y ſont confondus, & cette eſpece de deſordre offre un air de liberté peu réel , mais vif & flateur.   F

Tout le contraire arrive dans les petites Villes. La contrainte & la gêne en baniſſent la naïveté : & les manieres y font perdre ce que le commerce de la vie a de gracieux. Balzac obligé de vivre au fond de la Province, s'en eſt plaint dans pluſieurs de ſes Lettres. Quoiqu'il aimât naturellement le faſte & l'éclat , il ſentoit que la ſocieté en ſouffroit beaucoup. On dit même que ſa converſation étoit legere & polie ; heureux s'il avoit pû répandre cette amenité dans ſes Lettres .. qu'on ne relit jamais pour le plaiſir : quand on les a lûës pour s'inſtruire de quelques faits particuliers !

La vraye politeſſe ignore

la route des Provinces; elle eſt
naturellement libertine. Les
manieres trop concertée l'effarouchent , & cet air miſte-
rieux qui corrompt la ſimple
nature , inquiete ſon goût.
Auſſi quitte-t'elle rarement
les Villes capitales. Je l'avoûray ſans crainte : elles atti-
rent par un charme ſecret
tout le merite qui brille dans
les Provinces : elles le poliſ-
ſent & lui donnent le degré
de perfection , qui gagne les
ſuffrages de la poſterité. Souvent un homme d'eſprit ſe
repent d'y être arrivé trop
tard. Tite-Live ne pût ſe dé-
faire de je ne ſçai quel air de
rudeſſe qu'il avoit contracté
à Padoüe : & les Ouvrages
de Ciceron ſe ſentoient d'une
certaine debilité , propre au

lieu de fa naiſſance. Tous ces
défauts nous échappent aujourd'huy. Un Philoſophe
celebre & qui avoit fort étu-
dié la Langue Grecque, fût
reconnu pour étranger par
une Marchande d'Athenes.
Sa prononciation étoit peu
exacte. Il y a des fineſſes de
goût, que l'étude n'enſeigne
jamais. On doit ſe ſçavoir
bon gré , quand dés ſa tendre
enfance on a profité du voi-
ſinage de la Cour & du commerce des honnêtes gens.

On ne ſe perfectionne ce-
pendant point dans toutes les
Villes capitales. Saint Evremont n'en connoiſſoit que
trois propres à fixer un homme d'eſprit. Admirées par les
yeux les plus indifferens , les
ruines de Rome rappellent

fon ancienne fplendeur ; on
goûte à Londres une liberté
précieufe, & la politeffe Fran-
çoife rend Paris le féjour du
monde le plus aimable. L'orgüeil ou la barbarie triomphe
dans les autres Royaumes.
Flaté par des efperances qui
le tromperent. Buchanan fe
rendit à Lisbonne. Il étoit
auffi bon Poëte qu'Hiftorien
judicieux. Ces qualitez lui
furent fatales dans un païs
où le merite eft expofé aux
fureurs d'un zele indifcret.
Il voulût revoir la France, &
il y arriva heureufement. On
pourroit interroger la nature
fur les foins qu'elle fe donne,
pour répandre plus d'agrémens dans un lieu que dans
un autre. Eft-ce injuftice ,
eft-ce bizarrerie !

Il est certain que ceux qui s'appliquent aux fciences, doivent fe retirer dans les Villes Capitales ; on y joüit de tout ce qui anime l'étude : des Bibliotheques nombreufes , des converfations favantes, enfin de l'émulation. Elle eft pour ainfi dire , l'ame du bon goût. On a lû avec quelque plaifir les Ouvrages de Monfieur le Pays , on les admire même dans les ruelles & les cercles Bourgeois. Cet Auteur ne manquoit ni d'a-dreffe ni de fentimens , mais une fortune médiocre l'avoit jetté fur les montagnes du Languedoc ; il avouë dans une de fes Lettres que fa Profe feroit plus châtiée & fes Vers plus élegans s'il avoit vêcu à Paris. L'aveugle Dieu

qui preside aux richesses, est
rarement touché par la douceur de la Poësie, ou la su-
blimité de l'éloquence.

Un Philosophe peut cepen-
dant choisir une retraite écar-
tée & tranquille. Je dois cet
aveu à la memoire du fameux
Descartes. Capable de secoüer
le joug d'une admiration su-
perstitieuse, il osa plus que
les anciens, & destiné à pro-
duire des idées neuves, il ap-
prit aux hommes l'art de rai-
sonner. Cette époque est la
plus illustre de toutes celles qui
regardent la republique des
Lettres. Descartes se retira en
Hollande pour se livrer tout
entier à sa chere Philosophie.
Une maison solitaire le déro-
ba quelque temps aux accla-
mations de l'Europe ; mais

enfin il fût connu , & la Reine
de Suede l'attira à sa Cour :
c'est blesser le Public que
vouloir se souftraire à sa
vûë , il recherche avec autant d'empressement le Philosophe qui se cache, qu'il évite
le Poëte qui se produit.

CHAPITRE VIII.

Si les gens d'Etude sont sujets à s'ennuyer ?

LE monde n'est point en-
core gueri d'un préjugé
fatal aux sciences. Il en re-
tarde les progrés , & fait
triompher la paresse , dont
le des-habillé paroît avec
plus de charmes que la parure la plus magnifique. Un
joug que l'amour propre im-
pose ,

pofe , devient leger & gracieux , fouvent la raifon ,
malgré fa fierté naturelle , a
la complaifance de s'y foû-
mettre.

On s'imagine ordinaire-
ment qu'un homme n'eft
point occupé, quand il con-
facre fa vie à la lecture & à
la meditation , l'ignorance le
plaint , excitée par ce que
l'exemple offre de plus vif &
de plus preffant, elle va même
jufqu'à croire qu'il s'ennuye.
Hardieffe étrange,& qui n'eft
injufte que parce qu'elle eft
aveugle ! l'envie de fçavoir,
quelque forte qu'elle foit dans
l'homme , a fouvent été la
duppe de fon orgüeil. Les paffions fe détruifent l'une l'autre , & nous croyons les
vaincre.

G

On rapporte tout dans le monde aux progrés d'une fortune imaginaire. On vante ceux qui s'y appliquent uniquement, & ces loüanges que le cœur dément quelquefois en fecret, font une vive impreffion. L'amour propre fe dédommage toûjours ; eft-il jufte en effet, qu'on traitte d'occupation ferieufe le defir d'amaffer des richeffes , & d'occupation chimerique le foin de polir fon efprit ? Préference bizarre , & qui s'eft établie à la honte du genre humain ! Devroit-on acheter l'honneur d'être raifonnable ? Il eft certain que rien ne merite plus d'eftime que les efforts d'un efprit éclairé ; l'ambition des Sçavens n'a pas été moins heureufe que celle

des Heros. Laborieux & exact,
le Philofophe a fouvent obligé
la nature de venir lui rendre
compte de fes Ouvrages ; har-
dy dans fes expreſſions , l'O-
rateur dompte les efprits re-
belles; & de... ..lans fes penfées , le Poete redouble les
plaifirs , en découvrant de
nouvelles manieres de fentir.
Peut-on méconnoître la no-
bleſſe de ces occupations ?
c'eſt la nature elle-même qui
nous avertit de traiter hono-
rablement un loifir délicat.

J'abandonne à la critique
la plus auſtere ces Sçavans
qui admirent jufqu'aux fotifes de l'antiquité , plus foi-
gneux de connoître ce que
les hommes ont fait que ce
qu'ils ont du faire ; qu'on
blâme tout ce qui a pris la

place du vray , le fublime ou-
tré & les fiftêmes incertains ,
foit de l'hyfique , foit d'Hiftoire ! une connoiffance fauffe
ou inutile n'eft jamais excel-
lente ; mais qu'on approuve
cette étude qui rend le commerce de la vie plus déli-
cieux !

J'avois interêt de faire toutes ces reflexions. Des yeux
moins éclairez que vigilans
m'ont quelquefois demandé
compte de mon loifir ; ils me
faifoient un crime d'une ambition fçavante & peu neceffaire aux grands établiffe-
mens. J'ay fenti que la vanité
leur infpiroit un pareil langage , & je les en ay con-
vaincus ; mais ils s'imaginent à leur tour qu'il y a un
plus grand air de vanité à

mépriser leurs avis : ils se
fondent sur la coûtume , &
sur le préjugé general qui
dédaigne encore les sciences ,
malgré la politesse où elles
sont parvenuës. J'ignore l'art
de me reconcilier avec eux ;
le public jugera si je dois
l'apprendre aux dépens de
mon esprit ; il m'est cher ,
& peu - être immolerois - je
tout au plaisir de le cultiver.

CHAPITRE IX.

La crainte de s'ennuyer a fait
naître les plaisirs.

LEs hommes ne se sont
point soûmis volontaire-
ment les uns aux autres, je ne
sçay quelle idée chimerique
d'independance seduisoit leur

vanité : elle les flate **encore**
quoiqu'elle paroisse fort éloi-
gnée de leurs veritables interêts. La necessité seule les **a**
réünis ; moins timide que la
raison, elle agit imperieuse-
ment , & le même jour qui
voit naître ses droits les af-
fermit.

Les Arts doivent leur origine aux differens besoins
que les hommes en ont eûs,&
ces besoins se font multipliez
à mesure que le bon goût s'est
établi dans le monde ; plus
on a pensé , & plus on a agi.
L'abondance en inspirant l'oisiveté rafine les esprits , compagne fidelle de la paix & du
repos , elle ne s'occupe que de
ce qui la peut flater. Tel est
le fort des gens heureux. Ils
pensent toujours d'une ma-

niere agreable, & les choses les plus indifferentes acquierent de nouvelles graces en passant par leur imagination.

Le premier âge de la Republique Romaine fut remarquable par une austerité de mœurs singuliere. La Barbarie s'étoit transformée en amour du bien public, & les actions les moins naturelles paroissoient les plus estimables. On n'avoit alors aucune idée de cette veritable grandeur d'ame, que la raison éclaire & qu'elle conduit. La fureur étoit une vertu de goût, & le Heros qui avoit triomphé des ennemis de l'Etat, ne rougissoit point de s'abbaisser à des occupations serviles. Mais enfin la puissance de Rome s'accrût;

délivrée de ces craintes im-
portunes que fa foibleſſe rendoit encore plus vives , elle
fongea à fe polir. Des fentimens humains , mais inſpirés
par une noble hardieſſe , ſuc-
cederent à l ancienne ferô-
cité. Je paſſe tout d'un coup
au ſiecle d'Augufto , ſi fameux par l'élegance & la
politeſſe qui l'ont caracteriſ ;
la mort d'Antoine & la dé-
faite du jeune Pompée lui
aſſurerent l'empire du monde.
N'ayant plus rien à vaincre ,
il craignit de s'ennuyer au
milieu de fa Cour, & fa crainte heureufement ingenieufe ,
la rendit brillante & magnifique. Les Poëtes fur tout y
furent bien reçus. Leurs faillies flatoient agreablement
un Empereur , qui fçavoit

l'art d'en être touché.

On ne vit jamais à Rome
plus de jeux & de divertisse-
mens. Le peuple en étoit af-
famé. Sensible à ces nouveau-
tez charmantes, & qui lui
faisoient sentir son abondance, il couroit en foule aux
Cirques & aux Theatres pu-
pblics. Un certain nombre de
Magistrats en avoit l'inten-
dance, & ils se concilioient
l'estime de l'Empereur, à mesure que les spectacles étoient
plus gracieux. L'amour du
plaisir suit presque toujours
la crainte de s'ennuyer : & le
plus haut point de puissance
destiné à une nation, est proprement celui où elle aime
davantage, & les jeux & les
spectacles. Des exemples re-
cens pourroient confirmer ce

que je viens de dire ; mais je crains de les rapporter. Les choses trop voisines de nôtre âge plaisent moins que celles qu'offre l'antiquité.

Il est certain que les plaisirs se sont établis, à la faveur de cette oisiveté douce & spirituelle qu'un juste discernement prefere aux occupations les plus brillantes. L'étude n'ose la caracteriser : mais elle en releve les principaux agrémens. Telle étoit l'oisiveté de Petrone. Instruit dans l'art de penser finement, il se partageoit entre les plaisirs & les reflexions. La volupté flatoit son attachement à l'étude ; & une étude exquise redoubloit son goût pour la volupté. Ce mélange est digne d'une estime sin-

guliere. Petrone avoit l'inten-
dance des Jeux & des Spe-
ctacles, où Neron venoit se
délasser. Prudemment libertin, il sçavoit ordonner une
Fette & la rendre à chaque
instan nouvelle. Rien ne lui
échappoit,de tout ce qui peut
chasser l'ennuy & la tristesse.
Les Petrones sont necessaires
dans les Cours voluptueuses.
Ils en exilent ce que la débauche a de farouche & de
grossier.

Je ne feray ici que peu de
refléxions sur le genie, qui est
le plus propre à ces rafine-
mens dépoüillés d'artifices,
qu'exigent les plaisirs. Scru-
puleux sans crainte & délicat
sans affectation, il s'écoute
curieusement & se renouvelle
chaque jour. Rien ne lui fait

plus de tort qu'un attachement suivi, ou des occupations trop serieuses. Il est certain que le goût s'émousse dans le bruit & le tumulte des affaires. Il perd insensiblement tous les avantages que procure une indépendance spirituelle. Ovide ne nous auroit pas laissé un système d'amour si exact & si flateur, s'il eut toûjours suivi le Pareau, où des raisons de famillie l'avoient destiné. Une imagination refroidie par l'étude seche & abstraité des Loix, ne peut gueres se porter à des vuës galantes.

Il y a des tours d'esprit propres à chaque état. Celui qui est sensible aux attraits de la volupré, dédaigne le tumulte & l'éclat des affaires.

Pareſſeux en apparence , il s'enveloppe d'une obſcurité ſouhaitable & la rend maî-treſſe de ſon goût. Je me re-trace ici , & je me retrace avec plaiſir , le caractere de l'ingenieux Chappelle, ſi con-nu par la maniere badine dont il a ſçû voyager. Il craignit toûjours les enga-gemens qu'on lui conſeilloit de prendre avec la Fortune, & qu'on ne prend point ſans crime , ou ſans remords. Une flateuſe mediocrité animoit ſa nonchalance , & ſa noncha-lance apprehendoit le grand jour. Il aima les plaiſirs par goût, & il cultiva ſa raiſon par temperament. Je croi que cette route eſt la plus ſûre , pour ne point tomber dans des excés nuiſibles.

CHAPITRE X.

Reflexions sur l'usage qu'on doit faire des plaisirs de la table, pour éviter l'ennuy.

ON ne se donne point de nouveaux goûts. L'homme habile s'efforce de conserver ceux qu'il a reçus de la nature, & de les perfectionner. Ennemi d'un rafinement chimerique, il consulte sans cesse le sisteme que lui dicte son cœur, sisteme fondé sur ce qu'il sent, & non point sur ce qu'il pense. On ne peut trop s'écouter ni trop se craindre. Ceux qui ont moins de discernement, s'imaginent au contraire que le goût est le fruit d'une étude serieuse. Exposés àun tour d'es-

prit auffi bizarre que ridicule , ils veulent que ce qui
plaît aux autres hommes leur
plaife avec la même vivacité.
Quelle extravagance ! les impreffions de la nature ne fe
communiquent point. Elle eft
jaloufe de fes droits : & cependant elle varie tous fes
Ouvrages. La portion de
plaifirs attribuée à une maniere de fentir , lui eft entierement propre & ne fouffre
aucun partage. Oferay-je le
dire : elle me femble ifolée.
Je ne propofe icy qu'une premiere vûë : ceux qui la por-
teront plus loin , doivent en
être flatez.

Il eft certain que plus on
a de goûts , plus on vit heureux. Lucien les compare à
des hôtes aimables , qui at-

tendent un voyageur fur fon paffage & qui lui prodiguent des careffes d'autant moins fufpectes, qu'elles font preci- pitées. L'art n'ofe corrompre ce que la nature offre fans contrainte ; mais quand elle s'abandonne trop à elle-mê- me : les paffions s'établiffent fur fes ruines, & elles caufent un fi grand defordre, que le goût s'évanoüit entierement. On ne fent point alors : on eft entraîné.

Voilà ce qui arrive fou- vent dans les tables les plus fplendides. On y écoûte d'a- bord les mouvemens d'une joye infpirée par la bizarre- rie des mets, ou par la fineffe d'un vin délicat. On s'enhar- dit dans la fuite : & la liberté qui animoit les convives, fe

tourne

tourne infenfiblement en fureur. Ainfi fe termina la débauche funefte , où Clyrus fut affaffiné. Un poignard fanglant effraya les plaifirs; Que pouvoient-ils faire ! ils n'avoient jamais affifté qu'à des fêtes galantes.

L'ancienne Rome fe piquoit d'avoir emprunté des Grecs la vraye politeffe ; cependant elle ne pût jamais la faire briller dans fes repas. Ils étoient groffiers & infipides pendant la jeuneffe de la Republique. Le luxe n'étudia dans la fuite que le prix des ragoûts , fans s'embarraffer de leur élegance. On preferoit une table payée à grands frais à celle qui étoit ingénieufe & délicate. Etrange caprice ! Les plaifirs

H

ne veulent être achetez que
par des fouhaits vifs & ardens.
Ils n'exigent point d'autre dé-
penfe. Je ne croy pas que le
premier merite d'un repas
confifte dans une abondance
curieufe & recherchée. Qu'on
m'offre d'un vin de Falerne,
dont la vieilleffe ne foit point
combattuë : qu'on me ferve
des huîtres du Lac de Lucrin,
du poiffon de Minturne , des
oifeaux venus de Colchos.
Seray-je entierement fatis-
fait ? immobile & peu attentif au prix des ragoûts ; je
ne reffentiray aucun plaifir:
fi des convives aimables ne
m'éxcitent à la joye & ne
s'empreffent à la rendre fpi-
rituelle. Le bonheur ne confifte point à être diftingué
des autres hommes , mais à

être plus flaté qu'ils ne le
font ordinairement.

Theodore de Beze que je
n'ofe loüer, quoique fa Mufe
ait beaucoup de feu, ne vante
point la magnificence d'un
repas qu'il * deftinoit à fes
amis. Il invite feulement les
plaifirs & la gayeté de venir
prefider à fa table. *Qu'elle*
fera flateufe, dit il, *quand le*
Dieu du vin en aura b..ni le
trifte ferieux, la langueur fe-
crete, les difputes frivoles, &
fur tout les raifonnemens tirez
de l'aufere Philofophie ! la joye
s'établira fur leurs ruines ; &
elle pourra exciter la jaloufie
des Dieux. Oferay-je l'affurer:
les plaifirs qui nous font des
jaloux, me paroiffent les plus
fouhaitables.

* V. Ses Poëfies Latines.

J'ay dit que les bons repas devoient exceller en gayeté, elle en est tout l'ornement, & , si je l'ose dire , le vray caractere. Sans son secours, on languit tristement : mais il faut beaucoup de précautions pour s'en assurer. Craintive & sujette à mille caprices, elle évite les compagnies trop nombreuses , les caracteres incertains , & en general tous ceux qui exaggerent ou la folie ou la sagesse. Quelquefois elle s'échappe sans qu'on s'apperçoive de sa fuite.

Rien par consequent n'est plus propre à chasser la tristesse , qu'une table délicate. Le front le plus sombre s'y déride : & la plus austere gravité emprunte insensiblement de la folie ce badinage éle-

gant qui plaît, fans être admiré. Un vin exquis étourdit
la raifon & anime ce feu,
qu'elle tâche d'éteindre par
je ne fçay quel motif de bienféance. Les bons mots brillent alors : ils plaifent d'autant plus qu'ils font dépoüillés de cette fymettrie ennuyeufe qu'on obferve par
tout ailleurs. La Mufique n'o-
fre pas une matiere indiffe-
rente à la joie , principale-
ment lorfqu'elle eft vive. Les
chanfons polies & pleines de
feu font oublier ce que la débauche a peut-être de trop
hardi : elle fe prive de fa ru-
deffe & de fa groffiereté , en
s'offrant fous des traits agreables ou fous des penfées gra-
cieufes. L'ennuy peut-il fe plaire dans de telles compagnies,

& ne s'échape-t-il point d'u-
ne maniere inperceptible?

CHAPITRE XI.

*Du genie propre à animer la
conversation.*

ON a exposé avec quel-
que succés l'art de plai-
re dans la * conversation. On
en a même sçû gré à l'auteur:
cette matiere cependant ne
paroît point susceptible d'aucune metode certaine. Et
quelle metode peut donner à
l'esprit cette finesse , qui pique & qui reveille les compagnies les plus languissantes?
Je l'assureray sans crainte:
elle ne s'acquiert ni par la

---

* L'Auteur de cet Ouvrage est l'Abbé
de Bellegarde.

lecture ni p. v. la meditation.
Ne puis je point dire qu'elle
est semblable à un songe flateur , qu'on se retrace avec
plaisir , mais dont on ignore
& l'origine & l'histoire.

L'humeur plaît plus dans la
conversation que l'esprit. Je
ne m'en étonne pas. L'hu-
meur offre des bizarreries &
de la naïveté : elle n'acheve
ni ne perfectionne rien. Con-
tente d'effleurer ce qui l'agite, elle passe d'un objet à l'autre avec je ne sçay quelle le-
gereté qu'on aprouve malgré
soy. Ces sortes de caprices
marquent une imagination
hardie & ne peuvent se payer.
On admire ces parteres pompeux & authorisés , si je l'ose
dire, par l'esprit geometrique.
Mais l'œil est souvent plus

flaté, à la vûë d'un jardin où
regnent un goût bizarre &
une ſymetrie hazardée par
la nature. Trop d'arange-
ment ennuye & fatigue à la
fin. D'heureuſes ſaillies excitent la converſation. Elles ſont
ordinairement le partage des
Dames. Nées avec moins de
regularité d'eſprit que les
hommes, mais avec plus de
fineſſe, elles s'égarent quelquefois : & on aime à s'éga-
rer avec elles. La coqueterie
qui eſt le fond de leur humeur, leur accorde la liberté de dire bien des choſes
que les hommes n'oſeroient
dire, & qu'ils recueillent avec
ſoin. Je me ſuis même apper-
çu ſouvent que leurs diſcours
étoient une peinture ſi naturelle & ſi parfaite des paſſions,

qu'elles

qu'elles s'animoient d'une maniere violente. Quand le cœur fait parler, qu'on parle d'un air décisif ! Le même tour d'esprit qui rend les Dames propres à la conversation, les fait briller dans les lettres qu'elles écrivent. On ne peut les fruſtrer de cet éloge.

Il ne faut point être trop eſſentiel ni trop profond dans le monde poli. La douceur y eſt plus de miſe que la ſcience. Que je me ſerois ennuyé avec ces Philoſophes dont on a receüilli * les converſations & les propos de table ? Toûjours empruntés & toûjours auſteres, ils rioient ſerieuſement & ne pouvoient ſe dérober à ce que l'étude a de triſte ou de ſublime. Il y a ur

* Voïez Platon, Athenée & Plutarque.

I

talent de dire de petites choſes, préferable quelque-fois à
celuy d'en dire de grandes :
mais ce talent n'eſt point connu du Philoſophe.

Un badinage leger doit être
l'ame de la converſation. Il
aiguiſe l'eſprit & ne l'occupe
que ſuperficiellement. Ce qui
fait qu'on écoute & qu'on ré-
pond à propos La complai-
ſance que les autres ont de
nous entendre diſcourir, doit
être payée par une complai-
ſance reciproque : du moins il
faut les ſatisfaire par une mi-
ne attentive & des applaudiſ-
ſemens étudiés. Cet exterieur
plaît ſur tout à la Cour. Les
perſonnes d'un rang élevé
veulent qu'on les écoute &
préferent l'attention qu'un
homme d'eſprit leur prête,

aux soins qu'il pourroit prendre de les rejoüir.

Gui Patin connoissoit toute
l'étenduë de cette maxime: &
il avoit par-dessus cela beaucoup de ce feu, qui plaît dans
une societé spirituelle. Formé
sur la lecture des anciens , il
possedoit l'art de plaisanter,&
de plaisanter quelquefois aux
dépens de ses meilleurs amis.
On le cherchoit avec plaisir,
& on le quittoit avec un empressement vif de le retrouver. D'illustres * Magistrats
étoient si charmés de sa conversation , qu'ils luy avoient
offert une somme d'argent
pour le dédommager du tems
qu'il vouloit bien passer avec
eux. Ce trait est bien singu-
lier, & il a plus de rapport

* M. de Lamoignon.

aux mœurs des Anciens qu'aux nôtres.

Pour moy je n'imagine rien qui orne plus un homme que *l'art de plaire dans la conversation.* Heureusement adroit & presque original, il est par tout souhaité. Ses mœurs sont douces : des vûës generales & accommodées aux differens besoins de la societé caracterisent sa maniere d'agir. Tel étoit le fameux * Bautru, qui joüa long-tems à la Cour un rôle assez difficile. Les plaisans de profession n'y réüssissent qu'avec peine. Ils sont exposez à des yeux qui ont en même tems trop de justesse & trop d'étenduë. Menage nous apprend que Bautru sçavoit

* Voiez son article dans le Dictionnaire de Bayle.

parfaitement *remettre les con-*
versations les plus languissan-
tes. Cette loüange est délicate
& ne convient qu'à très peu
de gens. L'indolence & l'a-
ridité s'emparent quelquefois
des meïlleures compagnies.
On épuise les nouvelles publiques : on se regarde avec
des yeux égarés: on s'ennuye
à la fin. Je fais une peinture fidelle de ce qui arrive souvent
dans le monde. Que les Pa-
tins & les Bautrus seroient
alors d'un grand secours ?

CHAPITRE XII.

Des caracteres ennuyeux.

ON est presque toûjours
la dupe de son juge-
ment ou de la memoire, ou de

son imagination, & quelquefois sans s'en appercevoir. Voilà la source des caracteres ennuyeux. Personne n'ose paroître dans son des-habillé: chacun se masque: chacun cherche une parure étrangere, pour l'offrir aux veux du public. Il semble que le monde soit une salle magnifique, où la Nature donne le bal. On ne veut point y être connu : & nous nous efforçons d'y joüer le rôle qui nous convient le moins. Cependant la parure la plus agreable est celle qui est naturelle. Un fol qui n'offre que des saillies, prend le pas sur le Philosophe emprunté dans sa sagesse. En géneral tout ce qui est gêné ne peut plaire, & ce qui ne peut plaire devient ennuyeux.

Le jugement fait les hom-
mes senfés ? & rien au monde
n'eft plus eftimable qu'un jugement fur, droit & incapable de fe laiffer furprendre.
Cependant il forme la premiere claffe des caracteres
ennuyeux. Cette propofition
n'eft point un paradoxe.
Qu'on examine les gens qui
veulent tout réduire en idées
génerales; ceux qui vont uniquement faifir dans les moindres chofes je ne fçay quoy
d'effentiel & qui eft indépen-
dant des ufages ordinaires :
on verra que leur commerce
n'a point de charmes. Ils penfent, fi je l'ofe dire, pour
l'honneur de penfer, & jamais pour plaire. Leur fublime eft fondé fur leur orgüeil:
&-l'orgüeil qui vient de la rai-

fon, me paroît une maladie
incurable. Je l'avoüiray har-
diment : on n'eſt jamais plus
ennuyeux, que quand on l'eſt
avec eſprit. Ces deux choſes
ne ſemblent point faites, pour
être voiſines l'une de l'autre:
& cependant elles ne ſe ren-
contrent que trop ſouvent en-
ſemble.

Je ſai tous les égards que
merite de nous la raiſon , &
je crois qu'on ne peut l'en
fruſtrer ſans crime. Il faut
pourtant qu'elle aille quelquefois oublier ſon ſerieux entre
les bras de la folie. Car ſon
humeur eſt bien triſte. Et
comme la triſteſſe eſt la plus
cruelle ennemie de l'amour
propre, les hommes s'en éloi-
gnent avec ſoin. Un peu d'extravagance les rend heureux,

Il y a une autre espèce de caracteres insipides, beaucoup plus haïssables. Je parle des savans de profession, dont la memoire fait le principal merite. Ils se rappellent à chaque instant tout ce qu'ils ont lû. Satisfaits de paroître sçavans, ils s'embarrassent peu de paroître raisonnables. Tel est le tour d'esprit que donne l'aveugle admiration pour les Anciens. Ceux qui sont attaqués de cette manie, n'osent parler par eux-mêmes. Lâchement superstitieux, ils ne connoissent d'autre merite dans un ouvrage que sa vielleffe : & la vielleffe d'une opinion est ce qui les frape uniquement.

Quelques Auteurs fameux l'ont dit dans ces derniers

Siecles : l'érudition seule est fade & insipide. Elle veut dominer, & son abondance lui nuit. Les digressions pleines quelquefois d'un desordre qui éblouït , les histoires froides & glacées , les longs contes , les plaisanteries enlevées à un Grec ou à un Romain , font ordinairement le partage de ceux qui ne se piquent que d'être sçavans. Étrange bizarrerie ! on ne devroit étudier que pour meriter l'attention & s'assurer des suffrages du monde poli. L'étude cependant y produit presque toujours des effets contraires.

Pour l'imagination , elle est moins sujette à paroître ennuyeuse. Hardie & coquette, elle ne songe qu'à s'amuser.

Voilà ce qui la fauve quelquefois du ridicule qui lui eft
imperceptiblement attaché :
ridicule qui fe déclare auffi
avec plus de force , lorfqu'elle s'abandonne trop à
elle-même. Les dupes de leur
imagination font ceux qui en
exagerent les faillies avec
emportement , ceux qui ne
fçavent point la caracterifer,
ou qui la font fervir à des détails badins & chimeriques.
Il n'y a point de fotifes où ils
ne fe portent, ni d'extravagances qu'ils ne tentent, L'affiete tranquille, cette élegance de vie flateufe & uniforme , preferable quelquefois aux grands emplois, les
inquietent & les rebuttent.
Je plains leur fort. Il ne peut
être fixe ni long-temps agrea-

ble, Il dépend du change-
ment des modes , d'un goût
infatiable pour les manieres
nouvelles , de je ne fçay quoy
de bizarre dans les penfées &
dans les difcours. On par-
vient rarement à ce milieu. ,
où l'imagination n'eft ny trop
vive ni trop froible.

CHAPITRE XIII.

Continuation du même fujet.

TOut ce qu'il y a d'en-
nuyeux dans les diffe-
rens caracteres des hommes ,
fe rapporte à ce que je viens
de dire : & rien n'eft plus
aifé que de s'en convaincre.
Les vuës generales plaifent à
l'efprit. Elles flatent fa vanité,
& foulagent fa pareffe. On

veut voir d'un feul coup d'œil
un fiftême developpé : & la
reconnoiffance qu'on a pour
une idée qui en renferme
plufieurs autres , eft toûjours
plus vive que la reconnoiffance qui eft partagée.

Il eft utile de connoftre les
caracteres ennuyeux : mais
la bienféance ne veut pas toûjours qu'on les évite. Efclave
d'un nombre prefque infini
de paffions, l'homme ne peut
fe fouftraire à leur empire.
S'il vivoit pour lui - même,
rien ne le forceroit à s'ennuyer ; mais il eft contraint
de garder des mefures , foit
avec des voifins incommodes,
foit avec ceux qui peuvent
établir fa fortune. Ces fortes
de rapports font toûjours
defagreables. Aprés tout ,

nous joüiſſons des commo-
ditez de la ſocieté : il eſt
juſte que nous en ſupportions
les peines.

On ne peut gueres ſe dé-
livrer des mauvaiſes compagnies. Les viſites & les repas
de pure bienſéance , forment
un commerce ennuyeux à la
verité , mais neceſſaire. Par-
là on ſe reſſouvient de ce
qu'on ſe doit mutuellement,
& on profite des diſpoſitions
generales que la nature * a
répanduës entre les hommes.
Ceux qui ſçavent amener ces
diſpoſitions generales à des
diſpoſitions particulieres , deviennent amis.

Je croy cependant qu'on
peut ſe deſennuyer avec les

* Comparez ceci avec ce que je diray
dans l. XV. Chapitre.

sots, en se servant de la rail-
lerie : & je trouve cette maniere assez agreable. Le ton
plaisant tient toujours l'esprit
en haleine, & le rend plus
attentif à ce qu'il veut dire,
qu'à ce que les autres lui
disent. Il s'éloigne par ce
moyen de ce qu'on lui pre-
sente de moins agreable. *Il
faut toûjours se chercher, quand
on ne trouve point son compte
avec les autres.*

Toutes les metodes dont
on peut se servir pour se
soustraire aux caracteres ennuyeux, supposent la maxime
que j'ay établie. Par consequent je n'en parleray point,
& un pareil silence est judicieux. Un Auteur sensé
doit renoncer aux metodes
particulieres, & dont l'usage

dépend des divers plis que prend chaque esprit.

CHAPITRE XIV.

Des vûes qu'on peut avoir en s'appliquant à la lecture.

LEs hommes devroient proportionner leurs connoissances à leurs besoins. Une vaine curiosité les perd : & la curiosité qui ne garde point de mesures, est une espece de folie. L'un s'abandonne à l'antiquité la plus reculée, & plein d'une admiration servile pour des originaux souvent tres-méprisables, hazardent des connoissances qui le décredite. L'autre ignore sa langue naturelle, & veut parler celle des Arabes ou des Chaldéens. La vanité les fait agir.

agir. Elle n'eſt pas moins l'ouvrage de l'éducation que du temperament. Cela fait que les hommes la mettent de toutes leurs parties.

Differentes vûës inſpirent aux hommes un goût vif pour l'étude. J'en vais propoſer une qui paroîtra neuve, & peut-être utile.

Il y a un vuide dans la vie qui ne peut être occupé ni par les affaires, ni par les plaiſirs. Ces momens qui paroiſſent en quelque façon jettez au hazard, ſont les plus difficiles à remplir. Je ne m'en étonne pas. Ils n'ont rien qui les caracte-riſe. Par conſequent il faut beaucoup d'adreſſe, pour en faire un uſage gracieux. L'art du Peintre ne brille pas moins

K.

dans un vuide rempli d'une
maniere flateuse , ou dans
un point de vûë menagé avec
fineſſe , que dans l'exacte or-
donnance du Tableau. Les
petites choſes ne ſe traitent
délicatement qu'avec peine;
mais quand elles ſont ainſi
traitées, elles cauſent une ſur-
priſe douce & une admira-
tion intereſſante.

On eſt ſoûtenu par les affaires : on eſt entraîné par les
plaiſirs. L'eſprit ne peut alors
s'étudier: mais l'intervalle qui
ſe trouve entre les affaires &
les plaiſirs , doit être deſtiné
à la lecture. Elle peut ſeule le
rendre agreable. Les hom-
mes ſont obligés de ſe parta-
ger entre les faits & les reflexions. L'une de ces choſes
ſans l'autre me paroît en-
nuyeuſe.

Les momens dont je viens de parler font trop precieux pour les confacrer indifferemment à toutes fortes de lectures. Peu d'écrivains meritent qu'on s'intereffe en leur faveur. L'orgüeil les guide. Pleins d'une confiance d'autant plus vive qu'ils ne peuvent la cacher , ils facrifient tout au plaifir de fe faire un rom. Ils fe fervent même pour cela de la timidité & de la modeftie. Tous les deguifemens conviennent à la vanité : & c'eft la premiere paffion qu'un Auteur veut contenter. Elle entraîne bien des vices à fa fuite ; les faux jugemens , les idées chimeriques , le defir de critiquer & celui de plaire aux dépens de la verité. La fcience ne de-

vroit point fervir au rafinement des paffions. Elle eft
feulement deftinée à diftin-
guer un petit nombre de gens
heureux, & à les delivrer des
prejugez qui aveuglent le
peuple. Cependant ce font
eux qui leur donnent le plus
de cours. Il faut l'avoüer à
la honte de la raifon. Une
bibliotheque nombreufe eft
le rendez-vous des plus grandes extravagances & des plus
folles chimeres que l'efprit
puiffe inventer.

A quels Auteurs faut-il donc
confier les momens qu'on derobe & aux affaires & aux
plaifirs? chacun decidera cette queftion fuivant fon goût:
elle eft foûmife aux prejugez
de l'éducation , aux caprices
d'un efprit plus ou moins cul-

tivé : enfin aux inconſtances
de la mode. Ma reponſe fera
conforme aux lumieres que
la raiſon m'a preſentées. J'ay
penſé, & puis j'ay écrit : & à
la honte de la raiſon, on écrit
& enſuite on penſe.

Je ne trouve que deux ſortes d'Auteurs eſtimables: ceux
qui écrivent pour plaire &
ceux qui ſentent ce qu'ils
écrivent. Le nombre des bons
ouvrages ſera par conſequent
bien rare : & ce n'eſt pas un
petit avantage pour la raiſon.
On ne doit pas accorder
trop de tems à la lecture : &
on ſeroit fâché de ne pouvoir
tout lire. Pour moy je ſouhaite qu'on immole au bon ſens
les Auteurs qui enſeveliſſent
leurs penſées ſous un amas
prodigieux de paſſages , &

ceux que écrivent au hazard
l'Hiſtoire d'un temps reculé.
La Philoſophie ancienne &
moderne ne merite pas une
plus grande application que
Clelie, ou la Princeſſe de Cle-
ves. On doit traiter de la même maniere tout ce qui a l'air
de Roman.

L'Auteur qui veut plaire
au Public, ne choiſit que des
matieres intereſſantes. Je veux
qu'on m'aprenne à bien penſer dans les Ouvrages d'eſprit
& qu'on me conduiſe dans ces
mondes où l'on trouve une ſi
agreable varieté : j'aime enfin ceux qui me d'écouvrent
ſans aigreur les ſotiſes des
hommes & qui s'attachent à
les copier. Je ne ſçay quelle
élegance caracteriſe leurs productions. Leurs idées ſont

riantes. Jamais elles n'offrent
d'images triftes, ni de veritez
chagrines. S'ils écrivent fcru-
puleufement, leur exactitude
n'eft point rebutante. S'ils s'a-
bandonnent à leur genie, ils
accompagnent leurs caprices
de tant d'art & de gayeté,
qu'on les quitte avec peine
& qu'on les reprend avec
plaifir. Voilà le caractere des
Ouvrages du fameux Bayle,
qui feroit devenu plus grand
homme, s'il avoit eu moins
d'occafions de le devenir.

En m'éloignant des Au-
teurs qui écrivent pour plaire,
je m'attache à ceux qui fen-
tent ce qu'ils écrivent. Les
effufions d'un cœur inge-
nieux renferment ce que la
nature offre de plus fin & de
plus exquis. Elles touchent le

cœur , & font que l'efprit
oublie fa fierté & fon audace.
Montagne ne me parle que
des chofes qu'il a fenties : &
il m'oblige de les fentir à mon
tour. Naïf & peu contraint,
il s'offre , pour ainfi dire , dans
fon deshabillé : & fon deshabillé a des graces moins brillantes , mais plus agreables
qu'une parure étudiée. Madame Deshoulieres me choi-
fit pour être le confident
de toutes les impreffions qu'elle a reçuës de la nature , &
elle les developpe avec cette
retenuë qu'autorife l'efprit
jufte. Qu'on trouve de charmes dans de pareilles confi-
dences ?

Prévenus en nôtre faveur,
nous aimons les Auteurs qui
cherchent à nous plaire : mais
nous

nous ne voulons pas qu'ils
nous le difent trop ouverte-
ment. Il faut laiffer aux hommes, en quelque matiere que
ce foit, le plaifir de deviner.
Jaloux avec reconnoiffance,
nous voulons qu'on fe confie
à nous, & nous payons par
des aplaudiffemens finceres
les chofes mêmes qu'on feint
de nous découvrir.

CHAPITRE XV.

*De la délicateffe qu'on doit
mettre dans le commerce des
femmes pour éviter l'ennuy.*

Quand on s'aime on ne
fe laffe jamais d'être
enfemble. Monfieur de la
Rochefoucault en a deviné
la raifon : *On parle toûjours*

L

de foy - même. Il ne pouvoit
rien dire de plus flateur à
l'avantage de l'Amour. Cette
paſſion eſt la plus vive de
toutes & la plus délicieuſe.
Agreablement variée , elle
fournit ſans ceſſe de nouveaux ſujets d'entretiens.
Les moindres bagatelles l'a-
muſent. Que dis-je *!* il n'y a
point de bagatelles pour un
Amant & une Maîtreſſe.
Tout les flate , & tout leur
retrace des images gracieu-
ſes , images toûjours neuves
& toûjours intereſſantes.

L'Illuſtre M. de Fontenelle
nous a donné dans ſes Eglo-
gues une idée generale des
converſations amoureuſes.
Qu'elles offrent de charmes ?
& que ces charmes ſont a-
greablement ſoûtenus & par

la douceur & par la viva-
cité ?

Cieux ! quels difcours .... as Silva-
nire * entendit !

Tu peux les deviner, toi qui fçais comme
on aime.

C'étoient de ces difcours dictés par l a-
mour même ,

Que les indifferens ne peuvent imiter,

Qu'un Amant hors de là ne fçauroit re-
peter.

Ils étoient quelquefois fuivis par unfilenc.

Au défaut de la voix les yeux d'intelli-
gence

Confondoient des regards vifs , quoiquo
languiflans ,

Et craintifs & flateurs , doux enfemble &
perçans.

Zelide en rougifloit, & cette honte aimable

Exprimoit mieux encore un amour veritable ,

Et Miréne charm' lifoit dans fa rougeur

Des fecrets , qu   demy cachoit encore
fon cœur.

Tantôt de leurs amours l'hiftoire eft re-
tracée ,

* V. la féconde Eglogue.

La rencontre où d'abord leur ame fut
      blessée ,

Le lieu, même l'habit que Zelide avoit
      pris ,

Rien n'est indifferent à des cœurs bien
      épris ,

Les premieres rigueurs qu'eut à souffrir
      Miréne ,

Dont la Bergere alors ne convenoit qu'à
      peine ,

Mille riens amoureux pour eux seuls im-
      portans ,

Quels sujets d'entretien à des Amans
      contens !

  Il est certain que l'ennuy
ne se trouve jamais avec l'a-
mour : ils ont des interêts
trop differens l'un & l'autre,
pour pouvoir jamais s'ac-
corder ensemble. L'amour est
vif: l'ennuy est languissant. Il
n'y a point de traité de paix à
conclure entr'eux. Je ne parleray donc que du commer-
ce des femmes qu'on voit par

bienféance, ou par amufement. Il faut beaucoup d'art pour les connoître & un peu de hardieffe pour leur plaire. L'efprit timide & qui n'eft point cultivé, ne fentira jamais ce qu'il y a de fin dans leur maniere d'agir.

La focieté eft un commerce mutuel où chacun cherche à gagner : moins neceffaire, mais plus ingenieufe que les loix, la bienféance fauve l'honneur de ceux qui dupent & l'amour propre de ceux qui font dupés. Que ne lui doit-on pas ? En qualité de fouveraine, elle ne craint point de fe ruiner. Ses revenus font fondés fur nos befoins : & nos befoins ne s'épuifent jamais. Voilà la bienféance tout-à-fait difculpée.

Les personnes raisonnables profitent des agrémens qu'elle leur procure, & ne se refusent point aux incommodités qui en sont inseparables. Les biens & les maux se tiennent, pour ainsi dire, par la main. Rarement on voit un bonheur solide, ou un malheur obstiné.

Il faut se faire un **art** d'égayer les conversations de pure bienséance : & l'on n'a que trop souvent besoin d'un pareil art. Il consiste ou à parler vivement des choses qui nous touchent, ou à rappeller les évenemens dont le monde est occupé, & à les rappeller d'une maniere qui excite nos passions. Voilà une espece de méchanique délicate, & qui surpasse la mé-

chanique ordinaire , en ce
qu'elle augmente nôtre force
& soulage nôtre paresse sans
emprunter un secours étranger. L'homme veut d'abord
juger de lui-même, & en juge
favorablement : il veut en-
suite juger des autres , & en
juger conformément à ses
passions. Quel plaisir ne res-
sent-il pas , lors qu'il peut
croire qu'on approuve ses
jugémens ? une idée si flateuse ne lui laisse point la liberté de s'ennuyer.

On doit chercher des plaisirs vifs , mais badins & flateurs , dans les commerces
d'amusement. Le cœur en est
la veritable source : & quoiqu'il ne refuse rien , il veut
qu'on achete ses liberalitez
par une attention spirituelle.

Toûjours ajuftées, les femmes
ne fe développent jamais qu'a-
vec ceux qui leur plaifent. Je
ne m'en étonne point. Elles
agiffent par temperament plûtôt que par raifon, par un je
ne fçay quoi qui les furprend
plûtôt que par des motifs étudiés. Qu'on ne cherche point
de fiftême dans leur efprit
ni dans leur cœur : elles n'en
font point fufceptibles : mais
qu'on en cherche dans leur
goût. Elles veulent être ai-
mées. La moindre intrigue les
occupe , & l'émotion qui fuit
d'un commerce de galanterie
acheve de les perfuader.

J'ai dépeint le caractere géneral des femmes. Il y a des
rapports neceffaires & imper-
ceptibles qui l'attachent à celui des hommes. Voilà un or-

dre malicieufement établi par
la Nature, ordre qui ôte aux
femmes l'agrement de choifir
& aux hommes l'honneur de fe
vanter du choix qu'elles font.
Cette remarque eft plus vraie,
qu'elle ne paroît du premier
abord. Chacun doit chercher
dans fon caractere ce q i peut
lui meriter l'attention des
Dames, & s'en tenir là. Les
Dames font faites à peu prés
comme les Philofophes, qui
ne s'écartent jamais des points
de vûë qui les ont d'abord
frapés. Je ne fcay fi c'eft par
pareffe, ou par l'orgüeil qui
fuit les premieres découver-
tes. Le mafque qui a une fois
plû aux femmes, leur plaît
toûjours. Perfuadées de leur
difcernement, elles décident
fur le premier coup d'œil: &

le premier coup d'œil les flate plus vivement qu'une suite
étud ée de reflexions. Mais on
ne joüit de leur conſtance que
par le ſoin qu'on prend de
s'offrir toûjours à leurs yeux
ſous les mêmes traits. Il n'arrive jamais de changément
dans leurs goûts.

CHAPITRE XVI.

Les femmes ſont moins ſujettes à s'ennuyér que les hommes.

L'Aveu que je fais, n'eſt
pas dû à une complaiſan-
ce rafinéé. Je ſouhaite qu'il
ne paroiſſe point étrange. Les
Philoſophes ſe dérobent fa-
cilement à cette politeſſe ſu-
perficielle, qui ne conſiſte que
dans des dehors trompeurs :
& on ne leur en fait point un

crime. La liberté cinique de Diogene plaisoit peut-être autant à la fameuse Laïs , que les manieres étudiées d’Aristippe. Je ne m’en étonne pas. La galanterie est quelquefois un commerce que le fard & le mensonge n’osent corrompre.

Je puis donc me confier à ma sincerité : & j’avoüiray sans crainte que l’Art de ne point s’ennuyer est particulierement l’appanage des femmes. Habiles à connoître les mouvémens les plus secrets du cœur , elles se font une occupation délicieuse de leurs sentimens. Le soin d’ajuster une parure, l’étude d’une mode nouvelle , l’envie de conserver une conquête ou de la disputer à des rivales dange-

reufes, peuvent les occuper
& les occupent entierement.
Toutes leurs connoiffances fe
bornent aux ufages les plus
communs de la vie civile : &
comme ces ufages font fort
étendus, rarement elles s'ennuyent. Un commerce qui fe
renouvelle chaque jour &
qui ne demande que des vûës
peu rafinées, foûmet l'efprit
au cœur : & le cœur a la complaifance de s'écouter, & de
fonger à fes interêts d'une
maniere agréable.

Les hommes manquent à
leurs befoins. Cela fait qu'ils
fe trouvent fouvent dans une
inaction fade & chagrine.
Les femmes au contraire ont
autant de befoins que de
moyens de les contenter. Auffi font-elles toûjours dans une

agitation flateufe. Cette difference merite d'être éclair-
cie. Les befoins des hommes
font trop relevés ou trop bi-
zarres : ceux des femmes me
paroiffent plus proportionnés
à leurs caracteres. Les uns
dépendent de mille circonf-
tances qui s'accordent rarement enfemble. Les autres
naiffent des defirs qu'excite
la nature elle-même. On eft
à plaindre , quand on livre
fon fort aux caprices du hazard.

Le caractere qui s'appuye
également fur l'orgüeil & fur
la délicateffe me paroît le plus
propre à fe deffendre contre
l'ennuy : & c'eft là le caractere des femmes. Elles font
affez fieres pour refifter , &
affez fpirituelles pour fe ren

dre. L'amour qui rafine les efprits leur decouvre mille inventions flateufes & galantes. Il leur offre des foins touchans, l'inquietude de n'avoir point affez plû, des emprefemens de fe revoir, enfin un agreable mélange de plaifirs & de peines.

Cela paroît fur tout dans le Serrail du Grand-Seigneur. L'auftere fageffe peut-elle me deffendre d'y entrer un moment? Je crois fans peine & fur le raport de * plufieurs Voyageurs, que les paffions y font plus animées qu'en aucun autre lieu du monde. La folitude & l'oifiveté les font naître. La jaloufie les entretient: & le defir de gagner un

* Voiez Ricaut, Pettis de la Croix, la Guilletiere, Hiftoire du Serrail, &c.

maître qui semble dédaigner les caresses les plus ingenieuses, les porte au comble de la vivacité. Il faut un fond inépuisable de tendresse, pour s'en faire une occupation serieuse pendant toute la vie.

CHAPITRE XVII,

Conclusion de l'Ouvrage,

Plus on sent, moins on s'ennuye,

L'Homme n'est malheureux que parce qu'il pense : & il pense autant par orgüeil que par besoin. Voilà la source de tous ses égaremens. Un peu d'indiscretion & de rapidité dans l'esprit le soulage, le dissipe & lui ôte la vûë des precipices qui l'en

vironnent. Nos reflexions nous
tuënt: plus elles font fenfées,
plus elles decouvrent la baf-
feffe de nôtre condition. Cette remarque me paroît utile:
& fi elle eft temeraire, fa te-
merité n'eft point condam-
nable. *L'intention de la Nature*, dit un auteur judicieux,
*n'a pas été qu'on pensât avec
beaucoup de rafinement.* Suf-
ceptible d'une malignité ingénieufe, elle nous ordonne
de joüir des biens qu'elle nous
offre, & d'en joüir fans trop
de curiofité. Une connoiffance trop étenduë affoiblit le
goût le plûs vif: & les plaifirs gagnent à n'être qu'effleu-
rés ce qu'ils perdent à être ap-
profondis.

Le Philofophe qui affifte à
l'Opera, & qui étudie la maniere

niere dont les décorations &
les machines ont été difpofées
pour faire de loin un effet
agreable, eft-il auffi heureux
que l'ignorant qui ne fonge
qu'au fpectacle qui le frape?
Le premier veut penfer & fe
donne des peines inutiles : le
fecond ne fait que fentir, &
il eft toûjours agreablement
agité. Les fentimens établiffent un bonheur que ruïnent
les penfées.

Quand je devrois choquer
les prejugez les plus brillans:
j'avoûray que la raifon eft
trifte & même inutile, quand
elle veut nous mettre au def-
fus de tout par les penfées. Elle devient flateufe & charmante, en nous ramenant à
tout par les actions. Voilà proprement l'art de fentir. Des

M

vûës favantes & recherchées, mais en même tems froides & fteriles , fatiguent l'efprit & l'accablent. Il ne peut long-tems foûtenir un embarras trop fenfé , ni fe prêter à des fpeculations feches, quoique trés utiles. Il veut être agité. Il fe perd lui-même & fe mé-connoit à la fin, s'il ne conferve des rapports flateûrs avec les objets qui l'environnent. Plus inquiet que le Matelot qui fe trouve en pleine Mer, il n'a plus aucun point de vûë qui puiffe le fixer. De là naît une langueur fade & ennuyeufe.

La raifon qui veut s'affu-jettir les fens, expofe l'hom-me à une fuite prefque ine-vitable de chagrins. Il n'eft plus remué. Je ne fçay quelle ftupidité judicieufe au fond

& pleine de fageffe, s'empare de fon cœur. Il fe nourrit de reflexions & s'arrache, pour ainfi dire, au commerce du monde. C'eft cette raifon qui a fait naître tout ce qu'on voit d'inutile dans les fiences. Elles n'étoient deftinées qu'à des befoins d'autant plus gracieux qu'il falloit un efprit fin pour les contenter. On a vû tout le contraire. Les fiences font devenuës une occupation ferieufe.

On ne doit s'embaraffer que des chofes intereffantes : & rien n'intereffe l'homme fenfé que ce qui le fait agir d'une maniere vive & toûjours nouvelle. C'eft un veritable efclavage que de vouloir trop penfer. Il faut pour cela un regime & une attention qui

demandent des peines infinies
Il est doux de se les épargner.
Rien ne détruit plûtôt la santé
la plus ferme qu'une application continuelle à la confer-
ver. La prudence est plus eftimable qu'une precipitationin-
genieufe: mais en même tems
elle a moins de plaifirs.

Le veritable bonheur fe trou-
vè dans les fentimens. Il y paroît revêtu de cette naïveté,
que l'orgüeil n'ofe corrompre:
& cette naïveté fi je l'ofe dire,
est la chofe du monde la plus
délicieufe. Elle naît de certai-
nes vûës menagées par les objets exterieurs, & d'autant plus
charmantes, qu'elles ne manquent jamais à ce qu'elles pro-
mettent. L'homme est rarement la dupe de ce qu'il fent. Il
s'abandonne quelquefois à des
penfées chimeriques: mais ja-

mais il ne prend le change, quand il s'agit d'être agreablement remué.

Pour bien fentir, il faut réjetter toutes les paffions qui viennent de la nature & en faire d'autres fur leur modele. Ces dernieres feront moins emportées : & elles auront plus de raports avec nos interêts, avec nôtre maniere d'agir, enfin avec les perfonnes dont nous recherchons l'amitié. Cette occupation n'eft pas indigne d'un grand homme. Il eft facile maintenant de s'apercevoir que l'art de fentir & l'Art de ne point s'ennuyer ont des liaifons tres étroites enfemble : & ces liaifons que la volupté raifonnable caraƈerife, font le principal fondement de cet Ouvrage.

FIN.

TABLE

des Chapitres contenus dans ce Volume.

Fin de la Table des Chapitres.

www.ingramcontent.com/pod-product-compliance
Lightning Source LLC
Chambersburg PA
CBHW052346090426
42739CB00011B/2332